丛书编委会

大家精要

拿破仑

夏征难 著

Napoléon

陕西师范大学出版总社

图书代号 SK16N1043

图书在版编目（CIP）数据

拿破仑 / 夏征难著. —西安：陕西师范大学出版总社有限公司，2017.1（2024.1重印）
（大家精要）
ISBN 978-7-5613-8884-6

Ⅰ. ①拿… Ⅱ. ①夏… Ⅲ. ①拿破仑，B.（1769—1821）— 传记 Ⅳ. ①K835.655.2

中国版本图书馆CIP数据核字（2017）第001784号

拿破仑 NAPOLUN

夏征难 著

责任编辑 陈柳冬雪
责任校对 郑若萍
特约编辑 杨 琳
封面设计 张潇伊
出版发行 陕西师范大学出版总社
（西安市长安南路199号 邮编 710062）
网 址 http://www.snupg.com
印 制 永清县晔盛亚胶印有限公司
开 本 650 mm × 930 mm 1/16
印 张 10
字 数 100千
版 次 2017年1月第1版
印 次 2024年1月第4次印刷
书 号 ISBN 978-7-5613-8884-6
定 价 45.00元

读者购书、书店添货或发现印刷装订问题，请与本公司销售部联系、调换。
电话：（029）85303879 传真：（029）85307864 85303629

目　录

第 1 章

战争之神

他一生就像一个迈大步的半神，从战役走向战役，从胜利走向胜利。可以说，他的心情永远是爽朗的。因此，像他那样光辉灿烂的经历是前无古人的，也许还会后无来者。

——歌德

拿破仑的全名叫拿破仑·波拿巴，他是法国近代史上最著名的军事统帅，法兰西帝国的皇帝，历史上将其称之为拿破仑一世。拿破仑从攻克土伦崭露头角到滑铁卢战役的败北，前后 20 多年刀戈征战，曾亲自指挥过大小 50 多次会战，比远古以来西方历史上著名的军事统帅亚历山大、汉尼拔和凯撒所指挥战役的总和还要多，并且还以以少胜多而驰名于世，在作战和建军等方面有许多重要的创见和建树，被后人奉称“战争之神”“欧洲第一名将”“马背上的皇帝”等。

不凡的荒野雄狮

拿破仑于1769年8月15日出生在法国科西嘉岛的阿雅克修城一个没落贵族家庭。父亲夏尔·波拿巴是个律师，母亲莉蒂西亚·拉莫得诺出身于意大利贵族。他们由意大利迁居科西嘉，而就在拿破仑出生的前一年，即1768年年底，热那亚共和国以两百万法郎将科西嘉卖给法国。

按照波拿巴家庭的传统，如果生男孩，老大叫约瑟夫，老二叫拿破仑，老三叫吕西安。拿破仑是波拿巴的次子，按意大利文，拿破仑一词是“荒野雄狮”的意思。

少年拿破仑沉默寡言，性格孤僻，不合群，易怒和好斗。当别的孩子在花园或草地兴高采烈地玩耍时，他却常常悄悄溜走，一个人来到他喜爱的隐秘地方，一待就是大半天。

拿破仑的兄弟、妹妹们并不喜欢他，却承认他的权威。他的一位叔叔说：“约瑟夫是家里的老大，而拿破仑却是一家的头。”拿破仑充沛的精力和果断的性格，使其性情温和的哥哥约瑟夫甘愿受他的支配。

拿破仑8岁时，被送到雷科神父学校学习意大利文。他酷爱计算。据说，他的双亲为他在屋后专门盖了一间小木屋，他经常一个人在屋内几个小时全神贯注地演算算术题。

1779年，拿破仑10岁时，得到科西嘉总督的保荐，以贵族子弟的身份，进入法国东部的布里埃纳少年军校求学。该校学生大多是贵族子弟，拿破仑往往受到他们的歧视。于是，他在校园一角一小块土地上圈了篱笆，一个人在那里读书。如果有哪个孩子胆敢侵犯他的领地，他就会不顾一切地向入侵者冲去，将其赶跑。同学们曾用他的名字评价他："真是一头荒野雄狮！"

1784 年 10 月，拿破仑少年军校毕业，成绩十分优秀。其中，数学、历史、地理等学科的成绩特别优异，因而获得校方的保送，进入巴黎军官学校深造。

巴黎军官学校是一所专门培养初级军官的学校，拿破仑在这里主要学习炮兵专业。按当时的情况，一般的学生通常要学习三年，考试合格才能获得担任军官职务的资格。而拿破仑仅用一年的时间，就因勤奋的学习而以优异的成绩学完了规定三年的必修课程，顺利通过考试，并以家庭困难为由提前毕业，学校破例授他少尉军衔，年仅 16 岁。

当时学校的鉴定这样写道："拿破仑 · 波拿巴，为人勤奋、谨慎，兴趣广泛，博览群书，酷爱抽象科学，擅长数学、地理；沉默寡言，喜欢独处，任性、高傲、自私、善辩，自尊心强，雄心勃勃，求知欲强，有培养前途。"

有一位教员评价说："这位科西嘉青年个性极强，日后应有出头之日。"

1785 年 10 月，拿破仑离开军校，被派往陆军拉费尔炮兵团服役，经过三个月的见习期，于 1786 年 1 月正式担任军官职务。

1786 年 9 月，拿破仑以家事为由请假回科西嘉探亲，在家耽搁了近两年，直到 1788 年 6 月才返回部队。

拿破仑归队后，利用各种机会努力钻研炮兵专业知识，很快便学会了有关炮兵的最新技术和战术，成为全炮兵团最年轻、表现最突出的尉官，深受团长赏识。

在这段时间里，拿破仑还利用一切时间读书，并迷恋上了卢梭、孟德斯鸠、伏尔泰等启蒙学者的著作，对卢梭的《社会契约论》尤感兴趣。他还大量阅读了有关古代波斯人、西塞亚人、色雷斯人、雅典人、斯巴达人、埃及人和迦太基人的历史、地理、宗教、社会风俗等方面的书籍。同时，研读了亚历山大、汉尼拔和凯撒等历史上著名统帅的传记，并作了许多摘录和笔记。他还通过钻研炮兵的技术战术，撰写了有关弹道学的论文《论炸弹的投掷》，拟订了炮兵使用的军事方案，并打算一旦拥有权力，就把军事方案付诸实施。通过这种大量的研读，拿破仑的视野逐渐跳出科西嘉的小圈子而转向更广阔的世界。

1789 年 8 月 16 日，拉费尔炮兵团受到法国大革命风暴的冲击，半数以上的军官托故离队。拿破仑同情革命，一时成为雅各宾派的热烈追随者，并于当年 9 月请假回科西嘉参加革命运动，反对封建制度。

由于在一年多的革命中没有取得理想的结果，拿破仑遂于 1791 年 2 月返回自己的炮兵部队。同年 4 月获中尉军衔。次年 7 月晋升为上尉。10 月，担任科西嘉国民自卫军营长。

1793 年 2 月，拿破仑率自卫军配合法军攻打撒丁国的马达莱纳群岛。当他打乱撒丁军队的防御部署，正准备扩大战果时，突然接到停止进攻并急速返回的命令，愤怒的拿破仑把大炮扔进大海，返回了科西嘉岛。这是拿破仑的第一次作战。

当时，科西嘉岛的情况非常混乱。拿破仑反对科西嘉和法国分离，因而受到当地反法的保利集团排斥和洗劫。拿破仑历尽周折，才得以带着全家逃出。先逃到土伦，后又移居马赛，备尝游离和贫困之苦。

攻克土伦崭露头角

1793年春天，仇视法国革命的欧洲封建君主国借口法王路易十六被处死，组成了第一次反法联盟，开始出兵围攻法国。

当时，由于法国掌握政权的吉伦特派政府对外领导作战不力，对内则打击雅各宾左翼和其他革命组织，引起法国人民的强烈不满。5月31日至6月2日，在罗伯斯庇尔等雅各宾派领袖人物的领导下，数万巴黎人民举行武装起义，推翻了吉伦特派政权，建立了雅各宾派专政。

此时到达土伦的拿破仑是雅各宾派的积极拥护者，站到了新成立的法国革命政府一边，并立即设法回法国陆军服役。他先被派到阿尔卑斯军团去指挥一个野战炮兵连，不久又受命指挥一支镇反部队的炮兵，参加镇压一股效忠王室的反革命势力。

同年7月，顽固盘踞在土伦和南方其他几个城市的保王势力为了推翻雅各宾派的专政，恢复波旁王朝的封建统治，竟引狼入室，允许反法联军英国和西班牙的舰队驶入法国的土伦海港，并把拥有三十余艘舰只的法国地中海舰队拱手送给英国人和西班牙人，致使法国南部的这个重要港口被入侵的外国军队完全控制了。

土伦事件犹如晴天霹雳震惊了整个法国。为了捍卫新生的革命政权，打退国内外反革命势力的猖狂进攻，法国雅各宾政权颁发了全国征兵法令，并在很短时间里组建了一支拥有42万人的军队开赴前线。一场土伦围攻战由此开始。

起初，土伦攻城战的指挥官是卡尔托将军，这位画家出身的前线司令对军事几乎一窍不通，炮兵指挥多马尔坦也在围攻战中受伤，战事屡屡不顺。

就在法国革命军包围土伦受挫之时，恰好拿破仑被调至土伦附近的奥尔良斯的部队，经国民公会的特派员萨利切蒂的推荐，拿破仑接替炮兵指挥官的职务，由此获得了一个初试锋芒的机会。

拿破仑到任后，认真察看了地形，分析了多次失败的原因。他认为，土伦城坚靠海，又有外敌支援，要攻克须讲究战术，采取策略。他提出攻陷土伦的作战计划：应首先集中主要兵力攻占港湾西岸的马尔格雷夫堡，夺取制高点，而后集中大量火炮直接轰击停泊在港湾内的英国军舰，切断英国舰队与土伦守敌的联系，迫使英舰撤出港口。这样，土伦即可在一无退路、二无援兵、三无火力支援的情况下被迅速攻克。

12 月 15 日，法国革命军发动了最后攻击土伦之战。拿破仑命令炮兵炮击敌军炮台，经过整整两天两夜的连续猛轰，完全摧毁了敌军的工事。17 日傍晚，法军 7000 余人开始向高地实施总攻。然而，由于敌人负隅顽抗，进攻的法军受挫。

在关键时刻，拿破仑率领预备队冲入敌阵，他不仅判断正确，指挥果断，而且冲锋陷阵，身先士卒，并且在战马被击毙、自己小腿被击伤的情况下，仍坚守岗位，指挥战斗，直至战斗的胜利，表现了必胜的信心和优秀的指挥才能。

恩格斯曾对土伦之战作了这样的评价："土伦则是因拿破仑巧妙的袭击和坚决的进攻，以及它的守卫者的错误而收复的。"

法军收复土伦的消息一度震动了巴黎。人们不肯相信土伦这样一个曾被看作无法攻克的堡垒，竟会被一个初出茅庐、默默无闻的青年军官攻陷。拿破仑也因此而崭露头角。

战后，担任攻城部队炮兵指挥官的杜纪尔将军在给巴黎陆军部的报告中，曾不无夸张地写道："我简直无法用语言向你们形容波拿巴的功劳。他的知识非常丰富，智力相当发达，性格异常坚定，但这还不能够使你们对这位非凡的军官的优秀品质有个最起码的了解。"

土伦攻城部队司令杜戈梅将军也在呈请为拿破仑晋升军衔时写道："请你们奖励并提升这位年轻人，因为如果不酬谢他，他也会靠自己而出人头地的。"

根据杜戈梅将军的提议，拿破仑于 1793 年 12 月 22 日被破格提升为炮兵准将，年仅 24 岁。次年 2 月 6 日，国民公会任命拿破仑为意大利军团的炮兵总指挥。

然而好景不长，1794 年 7 月 27 日，即法兰西共和国"共和历"的热月 9 日，法国国民公会中的大资产阶级和阴谋分子发动"热月政变"，逮捕并杀害了罗伯斯庇尔兄弟等雅各宾派的主要领导成员。由于拿破仑深受小罗伯斯庇尔的赏识和支持，也受到牵连而被捕入狱。不久，又被宣布无罪释放。

1795 年 5 月，拿破仑因与新任总司令意见不合，辞去了意大利军团炮兵总指挥官的职务。他原本希望得到新的任命，但救国委员会在命令其去芒代镇压当地的叛乱时，却不让他担任其所擅长的炮兵指挥，而改任为步兵旅长。拿破仑感到这既不足以施展自己的才能，也是对自己的一种侮辱，因而拒绝赴任。直至 8 月，救国委员会才安排他以炮兵将军的身份加入地形测量部。9 月，拿破仑又被从将领名册中除名，退出现役。但一时穷困潦倒的拿破仑通过调整心态，继续钻研政治及战略问题，为有朝一日能大展宏图而作准备。

出征意大利和埃及

1795年葡月12日（10月4日），巴黎发生保王党人的武装暴乱。热月党的国民公会紧急决定，革除负责巴黎警卫的梅努将军的职务并将其逮捕，任命热月党的著名人物巴拉斯为武装部队总司令，负责对付暴乱。

但巴拉斯不是军人，必须马上任命一个将军来替他行使职权。他们想起了在土伦立下战功的拿破仑，便命人把拿破仑找来，并委任他来负责镇压暴乱。

拿破仑欣然接受了任务。然而，当时在巴黎地区可供调动的部队不足6000人，而暴乱者则近2.4万人。拿破仑受命后的第一个决定，就是派遣一个叫缪拉的骑兵军官到附近的军营去搜罗火炮，并将这些火炮拖运至杜伊勒里宫周围。接着，又把可调动的部队快速调进市区，向议会大楼靠拢。

此时，装备良好的保王党叛军在一部分国民自卫军和巴黎市民的支持下，已控制了巴黎的主要街道，原以为马上就会取得胜利，于是，在兴高采烈的凯旋音乐伴奏下举着旗帜，向杜伊勒里宫进军。

可是，他们万万没有想到，当冲向议会大楼时，迎接他们的是猛烈的炮火。叛军毫无准备，被火炮轰得措手不及，很快就丢下200具尸体仓皇逃窜。另有一股5000人的叛军企图从河的对面过桥冲向杜伊勒里宫，也在其正面和侧面遭到同样猛烈的炮火轰击，很快就溃散了。战斗仅持续一个多小时，便以拿破仑的胜利告终。

拿破仑开创了在市区用大炮粉碎武装叛乱的先例，挽救了几乎倾覆的巴黎督政府。对此，恩格斯曾评论说："在这以前，在巴黎街道上用大炮轰击的事情只发生过一次，即一七九五年葡月，拿破仑用霰弹驱散了圣奥诺勒街上的起义者。"

葡月平叛是拿破仑在土伦之战后又一次军事上的胜利。由于此次平叛是在法国首都巴黎取胜的，因而其意义又远远超过土伦之战。平叛的成功，使拿破仑不仅在军界，而且在社会各界都威名大震。巴黎人把他看作一个具有指挥天才、果敢精神和坚强毅力的人，称他为"葡月将军"。拿破仑也因功被任命为法国内防军司令兼巴黎卫戍司令，并晋升为少将。

葡月事件使法国督政府巩固了自己的政权。为彻底粉碎欧洲封建势力的第一次反法联盟，完全解除外来的军事威胁，督政府决定在 1796 年展开积极的军事行动。由于当时意大利半岛还在奥地利的统治之下，于是决定远征意大利。

鉴于此，作为巴黎卫戍司令的拿破仑提出了南线作战计划，即首先歼灭奥地利和撒丁王国的联盟军队，夺取富庶的皮埃蒙特和伦巴第地区，而后把奥军逐出整个意大利，将战场推向蒂罗尔和奥国本土。

法国督政府鉴于拿破仑的军事才能及其建议的实际价值，同意他开辟南线战场的建议，并任命他为意大利军团总司令。

拿破仑于 1796 年 3 月 9 日刚同约瑟芬举行婚礼，便于两日后告别新婚的妻子，转赴意大利军团的驻地尼斯。

经过不到一个月的准备工作，拿破仑即率领一支 2.5 万人的军队，开始了对意大利的第一次远征。

1796 年 4 月初，拿破仑率意大利军团一反常规，翻越了著名的阿尔卑斯山，进入意大利北部的皮埃蒙特境内，揭开了名震欧洲的意大利战争的序幕。

拿破仑旗开得胜，在进入敌境的15天的最后6天中，六战六胜，狠狠打击了约3.5万人的奥地利和皮埃蒙特联军，并在第22天即迫使撒丁王国单独媾和，退出战争。

而后，又挥师东进，追击不断后撤的奥地利军队，并于7月间包围了军事要地曼图亚要塞。

为解救被围的曼图亚要塞，奥地利政府不断派出增援大军。但在拿破仑机动灵活的打击下，奥军不断损兵折将。11月间，奥军阿尔温齐元帅率精锐部队6万余人前来救援，被拿破仑在阿尔科莱之战中打败。翌年1月，奥军集结近10万人，并由阿尔温齐亲率4.5万人再次向曼图亚增援解围，又被拿破仑在里沃利之战中，采取围城打援的战法打得惨败。曼图亚要塞被围半年多，奥军四次解围均未成功，最后终因弹尽粮绝于1797年2月投降。

在不到一年的战争中，拿破仑采取灵活机动的战略战术，辗转千里，连续进击，经6次大战70次小战，毙伤和俘虏了大量敌军，全部控制了意大利北部地区。

1797年3月，拿破仑又挥师北上入奥，目标直指奥地利首都维也纳，并在维也纳西南的纽马克大败奥军，迫奥求和签约，致使第一次反法联盟完全瓦解。

从1796年4月至1797年4月的一年间，拿破仑驰骋意大利战场，同以奥军为主的反法联军进行了14次大会战，击溃了五支奥地利精锐部队，俘虏16万人，取得了法国大革命以来最辉煌的胜利，由此震动了整个欧洲。正如历史学家塔尔列所说："几支奥军精锐部队被消灭，最有才干的将军遭到惨败，意大利北部完全陷落，奥地利首都遭到直接威胁——这就是1796年3月末拿破仑第一次任法军总司令以来一年间战争的总结。他的名字已经威震全欧洲。”

1797 年 12 月 5 日，拿破仑光荣凯旋，受到巴黎民众的热烈欢迎。法国督政府以古罗马欢迎凯旋大将的隆重典礼在卢森堡宫举行大典，又在卢浮宫举行盛大庆功会。12 月 25 日，法兰西科学院还推荐拿破仑为该院荣誉院士。

第一次反法联盟被瓦解后，英国成了法国的主要劲敌。而在拿破仑看来，要真正打垮英国，就必须占领埃及。于是，法国督政府任命拿破仑为远征埃及的东方军团总司令。

拿破仑于 1798 年 5 月率领 3 万余人的远征军，携带几百门火炮，乘坐 350 艘战船，避开地中海游弋的英国舰队，经过一个多月的航行，抵达埃及的亚历山大港，开始了征服埃及的战争。

起初，拿破仑旗开得胜。在 7 月 21 日的金字塔之战中，拿破仑指挥法军击败 5000 人左右的马木留克骑兵，其中，被法军逼进尼罗河而淹死的就有数百人之多。由此，埃及人称拿破仑为“火之王”，马木留克人称拿破仑为“神之鞭”，意为“天兵天将”。拿破仑随之进占开罗，成了埃及的霸主。

但不久，在阿布基尔海战中，运送远征军的法国海军舰队被纳尔逊率领的英国舰队歼灭，致使埃及与法国本土之间的交通完全中断。

同年 9 月，土耳其准备派兵取道叙利亚，从法军手里夺回埃及。为把土耳其军队阻于埃及之外，拿破仑决定东征叙利亚。

1799 年 2 月，拿破仑留兵一部于埃及，亲率 1. 5 万人的远征军进入叙利亚。开始战事进展十分顺利，法军连克多城。但在攻克雅法后，因无粮食供应，拿破仑曾残忍地下令屠杀了

4000名土耳其俘虏，失信于人。

3月下旬，法军包围了阿克城堡。由于没有大炮支援，9次攻城9次失败。加之军中瘟疫流行，几天工夫就有数千士兵病倒。拿破仑只好于5月20日下令撤兵。经艰难跋涉，于6月回到埃及。

7月25日，法军得悉土耳其军队将从海上来犯，拿破仑指挥法军在阿布基尔附近大败土军，全歼了登陆的1.5万名土耳其军队。对此，拿破仑曾得意地说："这是我所看到的最出色的战役之一，全部登陆的敌军，没有一个人漏网。"

一天，拿破仑从英国的报纸上得知，在他远征埃及期间，英、俄、奥地利、葡萄牙、土耳其等国已结成第二次反法联盟；法国丢失了在意大利抢占的地盘；法国国内政局不稳。这使得拿破仑想要建立东方大帝国的梦想在现实面前破灭，于是决定回国。遂将埃及军作了部署和调整，委托克莱贝尔将军代行指挥职责。然后避开英国舰队可能游弋的主要航道，于10月9日晨回到法国。

拿破仑曾对远征埃及作了如下总结：在短短的一年中，他占领了马耳他岛，征服了上下埃及，消灭了两支土耳其军队，生擒了土军总司令，洗劫了巴勒斯坦和加利利，建立了一大片殖民地，还把科学和艺术带回它们的发源地。显然，拿破仑在埃及所进行的是一场争霸和殖民战争。

拿破仑还在反思远征埃及的行动中领悟到，在其所仰慕和效法的古欧洲三大名将中，马其顿王亚历山大和罗马统帅凯撒之所以获得成功，是因为他们都曾将政权和军权集于一身，而迦太基统帅汉尼拔所以失败则是政治上没有权力的缘故。于是暗下决心，无论如何都要夺取并掌握最高权力，否则将不可能最终实现自己的抱负。

登上权力之巅

当时的法国内忧外患。在国外，反法联盟的对法战争节节胜利，拿破仑征服北意大利所夺得的胜利果实几乎已全部丢光；在国内，督政府腐败无能，钩心斗角，加之经济困窘等，早已引起法国社会各阶层的强烈不满。

面对这一形势，拿破仑感到推翻督政府的时机已经成熟。于是，拿破仑在大资产阶级和一些军事将领的支持下，并利用其弟弟吕西安为五百人院议长的便利条件，发动“雾月 18 日政变”成功。

1799 年 11 月 9 日，即法国的“雾月 18 日”，拿破仑获得法国元老院的任命，出任武装部队总司令。第二天，在巴黎郊外的圣克鲁宫继续举行议会。在两院出现对成立新政府的提案持怀疑和否定态度的情形时，拿破仑派遣荷枪实弹的士兵进行了干预，迫使五百人院通过了委托拿破仑制定宪法的法令，同时通过了“选举拿破仑、西哀耶斯、杜科为共和国临时三执政，行使共和国最高权力”的决议案，并解散了五百人院。由于其他两人在行政上没有实权，这样就等于把权力授给了第一执政拿破仑，实际上是一个军事独裁政府。

对此，恩格斯曾指出：“恰巧拿破仑这个科西嘉岛人做了被战争弄得精疲力竭的法兰西共和国所需要的军事独裁者。”是法国人民将拿破仑推上了统治者的宝座，并“托庇于拿破仑的专制统治”。

拿破仑夺得法国政权后，随即采取一系列措施来治理国家。包括建立中央集权的国家机器，控制从中央到地方的人事大权；在财政方面进行一系列改革，革除国家财政中的许多弊端，改善了国家的财政收入；在军事方面采取积极镇压保王党叛乱的有力措施，大大削弱了叛军的实力等，这些措施使法国国内形势在较短的时间内就初步稳定下来。

拿破仑在其独裁统治地位基本得到巩固之后，便将注意力投向了国外。

1800 年 5 月，为解除奥军威胁，拿破仑决定再次远征意大利。他亲率一支约 6 万人的队伍，翻越了阿尔卑斯山上著名的“天险”——大圣伯纳德山口，突然出现在奥军的后方，连克米兰、帕维亚等要地。当时，奥军统帅梅拉斯率领约 8 万人的部队，驻防在亚历山大里亚西南一线，没有料到拿破仑竟选择了一条险峻的山道来进军，所以直到获悉拿破仑已占领米兰的消息后，才匆忙迎战法军。

同年 6 月 13 日，法军在马伦戈与奥军一部发生遭遇战，奥军受挫败退。次日，奥军统帅梅拉斯以主力 3 万人，携炮 100 多门，进攻马伦戈。当时的法军只有 2 万余人，火炮 15 门。在奥军优势兵力的猛烈攻击下，法军损失惨重。当法军且战且退之时，梅拉斯以为会战已经胜利，把指挥追击权交给其参谋长，自己竟离开战场，致使其追击部队擅自停下来休息用饭。拿破仑抓住有利之机立即组织反攻，结果大败奥军。迫使奥地利于 1801 年 2 月签订《吕内维尔和约》，第二次反法联盟解体。

在此期间，随着法国内政、外交工作的卓有成效，拿破仑的独裁统治更加巩固。

1802 年 8 月 2 日，法国议会作出“全民决定”，宣布拿破仑由第一执政改为法兰西共和国的“终身执政”，集行政、司法、立法权于一身，并有自行指定继承人的特权。

1804 年 5 月 18 日，法国元老院又通过新的决议，正式宣布拿破仑为“法兰西人的皇帝”。这样，就在法律上肯定了拿破仑的独裁统治，使其成为法国至高无上的主宰者。同年 12 月 2 日，在巴黎圣母院举行加冕典礼，拿破仑成为皇帝，称拿破仑一世。至此拿破仑集军政大权于一身，为其以后更大规模用兵作战提供了有利的条件。

1805 年，正当拿破仑准备进攻英国本土时，英、俄、奥等国组成第三次反法联盟。8 月，当拿破仑获悉奥军西进、俄军已出发与奥军会师的情报后，被迫放弃登陆英国的计划，集中兵力对付奥军。

拿破仑命令法军以强行军的速度，从大西洋沿岸地区迅速向莱茵河西岸开进，在 25 天的时间里，行程 600 至 800 公里。由于法军行动神速，驻守在乌尔姆附近的奥军猝不及防，遭到法军的迂回和包围，连战皆败。法军乘胜强攻乌尔姆城，奥军元帅麦克在合围被歼的形势下，走投无路，被迫率守军近 3 万人投降。此次会战，法军仅以伤亡 1500 余人的代价歼敌 5 万余人，充分体现了拿破仑实施大纵深迂回机动作战的高超指挥艺术。

乌尔姆之战后，法军乘胜进占奥地利首都维也纳并继续北上追击俄奥联军。同年 11 月下旬，联军退到奥尔穆茨地区占领一阵地，因得到俄军的增援，俄奥联军兵力已增至 8. 7 万人，而尾追联军的法军此时只有 6. 5 万人，总的战略形势对法军不利。于是，拿破仑率 4 万人抵达布尔诺地区后停止追击。

此时，俄奥联军乘机开进，抵达捷克境内的奥斯特利茨以西地区。为诱使敌军尽早进行决战，拿破仑故意命令前沿部队后撤，放弃有利于防守的普拉岑高地，促使俄奥联军实行迂回。联军统帅库图佐夫识破法军企图，主张继续撤退。但好大喜功的沙皇亚历山大一世否决了他的建议，致使库图佐夫不能按照自己的意愿行使指挥权。

12 月 2 日，法军与俄奥联军发生了著名的奥斯特利茨之战。当时，俄奥联军以部分兵力牵制法军左翼，以主力进攻法军右翼，企图切断法军退路，将法军聚歼于布吕恩东南地区。而法军则以 1 万余人的兵力阻击联军主力，以主力 6 万余人的兵力集中在中央和左翼，形成局部兵力优势。

当日拂晓，俄奥联军发起进攻。9 时许，联军左翼进攻受阻，急调普拉岑高地的部队加强左翼。拿破仑看到普拉岑高地几乎已无俄军防守，迅即命令两个师抢占了高地，从而把敌军切成了两段。联军为重新夺回高地连续发起四次冲击，均被击退。左翼法军经苦战将联军右翼击退至奥斯特利茨。与此同时，法军从普拉岑高地向联军主力侧后实施反击，将联军压缩到半结冰的湖泊地带，湖泊上的冰块被法军炮火击碎，致使联军整团整团地淹死，或被击毙和生俘。亚历山大一世和奥皇弗兰茨二世侥幸逃脱，俄军总司令库图佐夫受伤，险些被俘。

此役，法军只以死伤约 1 万人的代价，打死打伤联军 1.2 万余人，俘虏 1.5 万人，缴获火炮 130 多门。战役结束后，奥皇弗兰茨向拿破仑求和，并于 12 月 15 日与法国签订了《普雷斯堡和约》，第三次反法联盟随即解体。

拿破仑曾把奥斯特利茨之战看作其一生赢得的近四十次胜利中最光辉的一次战役。此役不仅自始至终是由拿破仑直接指挥的，而且在军队数量处于劣势的情况下，仍能以闪电般的速度给敌人以毁灭性的打击。人们也由此把奥斯特利茨之战称为拿破仑赢得“欧洲第一名将”荣誉的军事杰作。还有人将之称为战争史上的一个奇迹，甚至认为，只要战争还存在，这次会战就不会被忘记。

1806 年 9 月，英、俄、普等国组成第四次反法联盟。10 月，联军 17 万余人未等俄军到达即率先行动，分三路向南推进。其中，联军总司令布伦瑞克率主力向维尔茨堡方向实施主攻，霍恩洛厄军团和布吕歇尔军团保障其左翼与右翼安全，企图切断法军交通线，迫法军在莱茵河一线决战。

10 月 8 日，拿破仑迅即率 19.5 万人迎击。9 日，法军首战告捷。10 日，法军击败普鲁士王室主战派首领路易·斐迪南亲王统率的 9000 余人，路易在战斗中被打死。14 日，双方进行耶拿之战。拿破仑误将耶拿守军霍恩洛厄军团当作联军主力，调集主力 8.3 万人攻击霍恩洛厄统率的近 5 万人，一举歼灭敌军。同一天，在奥尔施塔特地区，法军以约 2.6 万人击败了普军统帅布伦瑞克公爵率领的主力部队约 6 万人。布伦瑞克受重伤，致使普军群龙无首，很快便土崩瓦解。

在耶拿和奥尔施塔特之战中，法军除大量杀伤敌人外，还俘虏联军达 10 万人，缴获野战火炮 200 门，普军遭到惨败。此后，法军长驱直入，于 10 月 27 日进占柏林城。

同年 11 月 22 日，拿破仑在柏林颁布了针对英国的“大陆封锁令”。当他正为攻打英国作准备之际，获悉俄国已同普军组建了一支约 15 万人的联军向法国开来。于是，挥军进入波兰，向已开到东普鲁士边境的俄军先头部队发动进攻，把战争推向东方。

1807 年 2 月 7 日，法俄两军发生了艾劳之战。此役，双方伤亡均在2万人左右，未分胜负。随后，拿破仑积极备战，于6月14日在弗里德兰之战中将俄军击败，粉碎了第四次反法联盟。

同年7月，法国与俄国和普鲁士分别签订了《蒂尔西特和约》。该和约的签订，大大巩固了拿破仑在欧洲的霸主地位。

从1805年的奥斯特利茨之战到1807年的弗里德兰之战，拿破仑接连打败了奥地利、普鲁士和俄罗斯三个欧洲强国，给欧洲封建制度以沉重的打击。正如恩格斯所说，对于当时的欧洲封建王国，拿破仑是一个“伟大的征服者”。

称霸欧洲大陆

战争使法兰西帝国获得了大量的割地和赔款，大大扩展了法国的版图和附属国范围，拿破仑皇帝成了欧洲的霸主。

为了保障其“大陆封锁令”有效实行，同英国争夺葡萄牙，以及满足法国大资产阶级占有伊比利亚半岛的愿望，拿破仑贸然决定，发动对葡萄牙和西班牙的武装进攻。

1807年11月，法军将军朱诺率兵2.5万人，假道西班牙，侵入葡萄牙，并于月底进占葡萄牙首都里斯本。葡萄牙摄政王并未组织抵抗便在英国海军的帮助下逃跑。法军兵不血刃地占领了葡萄牙。

拿破仑并未因此满足，接着又对西班牙用兵。1808年3月，拿破仑派出10万余人的兵力，借口增援葡萄牙战线而侵入西班牙，并抢占了西班牙的军事要地和主要交通线。

昏聩的西班牙王室在强大的法军面前完全无能为力。3月中旬，国王查理四世被推翻，由其儿子费迪南七世继承王位。

法军趁机开进了西班牙首都马德里。接着，拿破仑把西班牙国王父子骗到法国，胁迫费迪南七世退位。5 月，拿破仑把自己的哥哥约瑟夫·波拿巴封为西班牙国王。

法军的侵略行径激起了西班牙人民的极大愤慨。5 月 2 日，马德里人民举行起义，缪拉用武力残酷地镇压了这次起义。7 月 21 日，约瑟夫以西班牙新国王的身份进入马德里，使得西班牙人民更加义愤填膺，各地人民纷纷拿起武器，展开了反对法军占领的游击斗争。西班牙游击部队一度战胜了素以英勇善战著称的法军名将杜邦，收复了马德里，赶走了约瑟夫国王。

为挽回败局，拿破仑于 1808 年 11 月 10 日亲率 20 万大军前往西班牙。12 月 4 日，法军重新占领马德里，并在许多地区击败起义军。

但挫折与失败并未使西班牙人民气馁，广大群众仍团结奋战，坚持用游击战到处袭扰敌人，给法军以出其不意的打击。对此，拿破仑曾哀叹说，敌人游击队的活动实在难以捉摸，他们突袭我们的军事岗哨、辎重和信使的事件日益频繁。

西班牙人民的游击战争使法军遭受了重大损失。当时流行一种形象的说法，法军在西班牙的不断损失，成了法兰西帝国身上的一块“溃疡”。这块“溃疡”不断地腐烂着、扩大着。它侵蚀了帝国的肌体，消耗了大量的人力和物力，使得拿破仑的大量军队长期被困在伊比利亚半岛，使得拿破仑在此后的岁月里，一直面临着两线作战的困境。

1809 年春，正当法军陷入西班牙的泥潭不能自拔之时，英国以援助葡、西抗法为名，与奥地利签订了协定，组成第五次反法联盟。

4 月 14 日，奥地利名将卡尔大公统率着一支 14 万余人的大军进入巴伐利亚境内，发起对法军的攻击。

面对来势迅猛的奥军进攻，法军尚未作好准备。但拿破仑很快就利用奥军过分谨慎和行动迟缓的机会，组织法军完成了后撤、转移和集中的任务，并变被动为主动，立即发起重点进攻。从 4 月 19 日至 23 日，先后在阿尔斯贝格、泰根、兰茨胡特、埃克缪尔和雷根斯堡五战五捷。通过几次会战，消灭奥军 5 万余人。5 月 13 日，拿破仑再次率军进占维也纳。

5 月 21 日和 22 日，发生了阿斯珀恩-埃斯灵之战。奥军主力约 10 万人退至多瑙河左岸并毁掉所有桥梁，凭河据守。拿破仑在敌情不详的情况下，贸然决定渡河与奥军决战。并以先头部队两个军 3 万余人强渡多瑙河，在左岸抢占阿斯珀恩和埃斯灵两个村庄。

卡尔大公率奥军 8 万人、火炮 300 门，趁法军立足未稳之际实施突击，攻占阿斯珀恩并围困埃斯灵。拿破仑连夜调兵至左岸。次日晨，左岸法军达 6 万余人、火炮 150 门。双方展开激战。拿破仑遭到带兵以来第一次惨败，人员损失近 3 万人，担负主攻的拉纳元帅阵亡。奥军伤亡约 2. 3 万人。

阿斯珀恩-埃斯灵之战失利后，拿破仑决心征调援兵，伺机再战。同年 6 月，法军增至 18. 7 万人，火炮约 500 门。奥军约 13. 6 万人，火炮与法军相当。卡尔大公将奥军部署成一个半圆形的阵线，以瓦格拉姆村为中心分为左右两翼。7 月 4 日夜，雷雨交加，法军强渡多瑙河，并仅在一夜之间就将 15 万大军连同战马、火炮、弹药送过这条欧洲最大的河流。

7 月 6 日，卡尔大公发动进攻。拿破仑决心打击位于奥军左右结合部的瓦格拉姆。会战异常激烈。下午 4 时，卡尔大公获悉其弟约翰大公的援军尚未到达，且自己有可能被围歼，遂下令全面撤退。法军也疲惫不堪，无力追击。此役奥军损失 4.5 万人，法军损失 3.4 万人。

7 月 11 日，奥皇弗兰茨二世向拿破仑求和，拿破仑表示同意。双方于 10 月 14 日签订了《申布伦和约》，这也意味着第五次反法联盟的破产。

1810 年和 1811 年，拿破仑继续忙于巩固其法国霸主地位。他对内应付已开始出现的经济危机，对外则吞并荷兰，兼并奥尔登堡大公国，争取瑞典向英国宣战。

同时，拿破仑也意识到，针对英国的“大陆封锁”政策也使欧洲大陆国家遭受严重损失，法国也不得不自食“大陆封锁”政策结出的苦果。而英国和沙俄却加紧勾结，尤其是沙皇俄国，总想有一天重新与其争霸欧洲。如果不能控制俄国，法兰西帝国的霸主地位势将难以巩固，其劲敌英国也将无法被打败。一种建立世界大帝国的强烈欲望，驱使着拿破仑不断走向战争。

1812 年，法俄矛盾激化。拿破仑先后与普、奥两国结盟，并将欧洲大多数国家纳入反俄同盟，集结军队 60 余万人，火炮 1300 余门，于同年 5 月 9 日踏上了进攻俄国的征途。

当时，俄军总兵力虽达到 40 多万，但对法作战的一线部队仅 20 余万，火炮 900 多门。因此，拿破仑企图速战速决，以一两次决战歼灭俄军，迫其投降。

同年 6 月 24 日晨，法军主力分三路渡过涅曼河，侵入俄境。28 日，法军攻占维尔诺，迫使俄军全线退却，随后实施追击，于 7 月 28 日进占维捷布斯克。

8 月中旬，俄军代理总司令巴克莱用两个集团军在斯摩棱斯克打了一场顽强的防御战。战斗异常激烈，从 8 月 16 日一直打到 18 日，双方伤亡惨重。俄军损失 1.5 万人，仍阻挡不住法军的进攻，于是火烧该城后继续撤退。法军则以损失 1.2 万人的代价攻占了斯摩棱斯克，但俄军主力并没有被消灭。

斯摩棱斯克城失守后，亚历山大一世迫于国内舆论的压力和人民的愤怒，不得不起用老将库图佐夫出任俄军总司令。库图佐夫分析了战争形势后，决心改变巴克莱原定进行决战的地点，选择在通往莫斯科的必经之地博罗季诺村附近决战，以此引诱法军继续长途跋涉，并通过杀伤法军改变兵力对比，为彻底将其击溃创造条件。

拿破仑未能在斯摩棱斯克打败俄军，求胜心切，于是挥兵快速东进。但由于不断拉长战线，补给困难，非战斗减员严重，以致在进行博罗季诺会战时，法军前线的作战兵力只有 13 万多人，火炮 580 多门，而俄军则集结了约 12 万人，火炮 640 门。此时，双方兵力对比已大体相当。

同年 9 月 7 日，法俄两军投入上述兵力进行了一场决战性的博罗季诺会战。在双方 1000 余门大炮相互轰击后，从 6 时许至 12 时左右，法军 4.5 万人在 1.5 公里的地段上，对俄军 1.8 万人发起了 8 次冲击，付出重大伤亡后，仅攻占了巴格拉季昂钝角堡群。鏖战 10 小时后，法军才攻占拉耶夫斯基炮垒，突破俄军的左翼阵地，但遭到俄军骑兵的反击，未能继续扩张战果。在此关键时刻，拿破仑估计在莫斯科还将有恶仗，因此未敢动用其最后的预备队近卫军。而后，俄军退守第三道阵地，法军也撤回原进攻出发地。

这场会战，双方互有胜负，伤亡均在 4 万人以上。其中，俄军损失 22 名将领，法军有 47 名将官阵亡。拿破仑未能实现歼灭俄军主力、迫使俄国投降的目标，库图佐夫也未能达到改变兵力对比、阻止法军进军莫斯科的企图。

对此，拿破仑曾感叹说："博罗季诺一战，法军表现出最大的勇气，却获得了最小的胜利。"

拿破仑原以为俄军会在莫斯科与法军进行决战。然而，俄军主力却撤离莫斯科，转至莫斯科西南160公里的卡卢加，威胁法军后方交通线。当拿破仑进入莫斯科后，城市到处起火，整座城市很快就被大火烧成废墟。

与此同时，俄国人民坚壁清野，不断开展袭扰法军的游击活动。他们到处袭击法军，截夺车辆，破坏法军的交通补给线，各地的法军驻防部队疲于应付，惶惶不可终日。而且寒冬将至，饥饿和严寒对法军构成威胁。拿破仑在莫斯科坚守了一个多月，被迫于10月19日率领余部撤出莫斯科城，实行战略退却。

法军原本试图通过未遭破坏的俄国南部地区撤退，以便补充给养，但在雅罗斯拉维茨遭俄军阻击，损失约5000人，被迫转向博罗季诺，沿原路线撤回。

结果，大撤退变成了大溃退。这年冬天，天气奇寒，风雨交加，法军在撤退途中冻死饿死及被哥萨克骑兵和游击队俘杀者不计其数。俄军则多路追击，经维亚济马、克拉斯内和明斯克之战，歼灭大量法军。法军撤到别列津纳河时，仅剩3万余人，渡河时又遭俄军截击，损失大半。12月初，拿破仑将法军残部交给那不勒斯国王缪拉指挥，自己则逃回巴黎。拿破仑的这场侵俄战争以惨败宣告结束。

拿破仑远征莫斯科是其军事力量发展的顶点，而远征莫斯科的失败则预示着其称霸世界走下坡路的开始。

兵败滑铁卢

拿破仑征俄战争失败，使其损失了50多万人的大军，拿破仑不可战胜的神话已彻底破产。但拿破仑却无意善罢甘休。他从俄国逃回巴黎路经华沙时，曾对普拉特神父说，他很快就要带领30万大军回到维斯瓦河来。

同时，拿破仑预料，敌人将要乘机反攻，必须争取时间重整旗鼓。于是，他一回到巴黎，就立即着手组织“新大军团”。

1813年3月底，新建的美因军团已拥有8.5万人，超过了当时集结在奥德河一线的俄普两军5万余人的兵力。4月中旬，法军已约有25万人的兵力和450多门火炮。

与此同时，俄普两国于同年2月结盟，随后组成以俄、普、英为首的第六次反法联盟。当时，俄普联军也做好了与法军作战的准备。其中，俄军集结了约11万人，普军约8万人。亚历山大一世和威廉三世都公开宣称：拿破仑如果不签订全面媾和条约，就用战争来解决问题。

同年5月，发生了吕岑之战。2日11时，法军内伊元帅统率的军队在吕岑受到普军布吕歇尔军团的猛烈攻击。联军企图攻占当面阵地，切断法军退路，将法内伊军围歼于吕岑地区。

拿破仑得知这一情况后，火速回师支援。当时，内伊军在吕岑以南拉纳和卡加等几个村庄抗击两倍于已的联军，处境十分危险。14时30分，拿破仑率部赶到，立即组织部队轮番冲击并不断增兵，法军士气大振。

17时许，法军大批援兵赶到战场，从两翼向联军发起进攻。同时，拿破仑在中央集中80余门火炮实施射击，迅速打开缺口，随后命令16个营的青年近卫军由缺口投入战斗。经过激战，逐走了联军，使内伊军脱离了险境。此时，莱比锡已被法军攻占，联军为免遭围歼，趁夜向德累斯顿方向撤退。

此次作战法军虽然取胜，却付出了很大代价。联军只损失1.15万人，而法军却损失了1.8万人。并且法军由于骑兵不足，也未能在追击中扩大战果，歼灭敌军主力。

5月21日，又发生了包岑之战。法军与联军在包岑遭遇，展开了激烈厮杀。但由于拿破仑的决心前后有所改变，先让内伊军团的两个军去直取柏林，而内伊却未能领会其战略意图，后在执行命令时又不坚决，指挥欠妥。所以尽管此次作战法军取胜，却付出了伤亡2万人之多的代价。

鉴于双方伤亡都很惨重的情况，1813年6月，拿破仑和俄、普联军不得不在奥地利的调停下签订了停战协议。但由于双方都试图借此机会补充和集结兵力准备再战，因而在和约条件上始终未作丝毫让步，致使谈判破裂。联军认为自己已准备充分，于8月11日宣布废止停战协议，再次开始对法战争。而奥地利看到联军力量已超过法国，便急忙解除奥法联盟，在重新开战时向拿破仑宣战。

当时，拿破仑集结了44.2万人的兵力，火炮1280多门，另有驻守要塞的兵力和第二线的后备队约13万人。而其对手俄、普、奥、瑞典联军共有兵力约51万人，其中，俄军18.4万人，普军16.2万人，奥军12.7万人，瑞典军3.9万人，并共有火炮1380门，另有驻守要塞的兵力和预备队兵力约25.5万人。联军由奥地利元帅施瓦岑贝格担任总司令。

同年8月26日和27日，发生了德累斯顿之战。当时，拿破仑仅以所率7万之众抗击联军15万人的进攻，并冒着滂沱大雨机智而果敢地将联军击败，歼灭3.8万余人，其中俘获1.3万余人。但由于法军未对溃退之敌实施有力的追击，使此战同吕岑之战和包岑之战一样，虽获得胜利却未取得应有的战略成果。

法军虽取得了德累斯顿之战的胜利，但在其他战线上，拿破仑的元帅麦克唐纳、乌迪诺、内伊以及将军范达米等，都相继遭受败绩。至9月底，拿破仑陆续损失了15万人的兵力和300多门火炮，加上5万多伤病人员，用于作战的兵力仅剩下20多万人，并被迫困守德累斯顿、莱比锡等几座孤城。

鉴于德累斯顿一时难以攻克，联军统帅部根据普军司令布吕歇尔的建议，决定首先攻占莱比锡，切断法军同其本土的联系，并准备以波希米亚军团为南路，以西里西亚军团和北军团为北路，对莱比锡发动钳形攻势。

对此，拿破仑企图以部分兵力阻击波希米亚军团，主力向北推进，各个击破联军西里西亚军团和北军团。当拿破仑率军北进时，发现联军已从三个方向朝其逼近，只好被迫回防莱比锡，并决定集中全部兵力于莱比锡进行一场决战。此时，莱比锡地区法军约16万人，而联军则达32万余人。

10月16日9时，联军波希米亚军团趁浓雾消散之际，在炮兵的掩护下成四路纵队从南面发起突击，会战开始。经激烈战斗，两军不分胜负，各损失约2万人。17日，双方喘息休整。18日8时，双方继续进行战斗，联军从北、东、南三面向法军发起总攻。战至14时，大部要塞仍在法军手里。西线法军发起反击，向西推进十余公里。15时，法军炮弹用尽，不得不向莱比锡城中撤退。当天下午，拿破仑军中的盟军萨克森军3000余人投降联军，并调转枪口向法军开火，导致形势恶化。

当夜幕降临时，拿破仑终因寡不敌众而下令全线撤退。

莱比锡之战是拿破仑战争中规模最大的一次会战，法军和联军各伤亡 6 万余人。法军莱比锡之败致使拿破仑从此完全丧失了战略主动权，被迫退回法国本土进行防御，也使法兰西帝国进一步走向衰败。

莱比锡之战后，第六次反法联盟各国的军队在施瓦岑贝格的统率之下，于 1814 年将战争推向了法国边境。

同年 1 月，拿破仑重新走上前线。当时，他手中可供作战使用的兵力仅 4.7 万人，而其正面联军的两个军团已超过 23 万人。拿破仑决心在防御中实施进攻，从被动中争取主动，用局部胜利逐步扭转被动态势。

2 月，拿破仑充分运用其集中优势兵力、各个歼灭敌军的战法，先后在尚波贝尔、蒙米赖、沙托切里、沃尚和蒙特罗等地进攻敌人，接连打了 5 次胜仗，消灭联军 8 万人。

3 月，拿破仑继续寻敌作战，以少击众，多次打败在其当面作战的俄军和普军，取得局部胜利，并率部东进马恩河，企图把联军引离巴黎。联军却以压倒优势，兵临巴黎城下，于 30 日迫使巴黎守军投降。

拿破仑被迫于 1814 年 4 月 6 日宣布退位，并于 5 月 4 日被放逐到厄尔巴岛。在反法联盟各国的扶植下，以路易十八为代表的波旁王朝在法国复辟。

1815 年，拿破仑利用法国人民对波旁王朝复辟不满之机，由流放地厄尔巴岛秘密潜回法国，重新掌权。

拿破仑复位的消息大大震惊了欧洲各国，于是，俄、英、普、奥等国又重新调集军队，组成第七次反法联盟，集结了约 70 万人的军队，企图彻底打垮拿破仑。

拿破仑匆匆组建了一支约19.8万人的军队，决定以攻为守，企图先击溃在比利时的英、普军队，然后回师迎击俄、奥联军。

6月16日，拿破仑率约12万法军在比利时境内发起利尼之战，打败布吕歇尔统率的普军，消灭普军2万多人，自己伤亡1.1万人。但由于内伊指挥的左翼兵力未能很好地配合进攻，没能取得歼灭性的战果。

6月17日，拿破仑让军队休整。将近中午时，拿破仑命令其右翼指挥官格鲁希元帅率3.6万人寻找布吕歇尔并继续追击普军。这一决定分散了本来就不多的兵力，而格鲁希不仅未找到布吕歇尔所率领的普军，又错过了次日在滑铁卢之战的关键时刻回师参加作战的时机。

6月18日，发生了名垂史册的滑铁卢之战。联军统帅威灵顿率领6.8万人的军队，火炮154门，在滑铁卢以南地区布阵，设置了正面宽约6公里、纵深约3公里的阵地，以圣让安山为依托成梯次配备，居高临下，易守难攻。

当日11时30分，拿破仑以7.3万人的优势兵力并配备火炮270门发起进攻。先由雷耶军佯攻联军右翼，遭到顽强抵抗。13时30分，戴尔隆军1.6万人以营纵队队形主攻联军左翼及其中央前沿阵地圣拉埃庄园，遭对方火力杀伤。双方争夺异常激烈，伤亡惨重。

14时左右，普军先头部队由瓦夫尔方向赶至滑铁卢地区，拿破仑又被迫分兵阻击。15时30分后，拿破仑以主力对联军中央多次实施突击，并逐次投入预备队，但进展不大。其间，内伊元帅曾率骑兵两次突破英军中央阵地，但因步兵和炮兵未及时增援而被击退。

18时，拿破仑投入预备队10个营，对联军中央阵地实施最后突击，攻占了圣拉埃庄园，动摇了英军防线。正当英军难以支持之际，18时30分，布吕歇尔率普军3万余人赶到战场，猛攻法军右翼。法军侧翼受击，被迫放松对英军的压迫。战斗重点随后转为普法两军的搏杀。为控制普南西罗特地区，双方进行了反复争夺。

22时许，普军发起猛攻，英军也配合实施反击，在联军10余万人的全面反攻下，战局急转直下。拿破仑派去追击普军的格鲁希未能率部来援，法军虽竭力抵御，但因兵力过于悬殊，且腹背受敌，已无回天之力，导致全线溃退。英、普联军转败为胜，进行全线追击。拿破仑率少数卫队匆忙逃离战场。

滑铁卢之战，法军伤亡2.5万人，被俘8000余人；英军伤亡1.5万人，普军伤亡7000人。拿破仑在其一生中指挥的最后一仗失败了，历时20年的拿破仑战争也从此宣告结束。

同年6月21日，拿破仑回到巴黎。22日，他宣布第二次退位。他这次的王朝仅经过百日就又覆亡了。

拿破仑原本打算去美洲，途中被英国舰队拦截。7月15日，拿破仑登上英国军舰“别列洛风”号。8月7日，拿破仑又被从“别列洛风”号转移到英国巡洋舰“诺森伯伦”号，经过两个半月的航行，于10月15日被流放到大西洋的圣赫勒拿岛。

1821年5月，拿破仑病重。他在遗嘱中说：我经过三四十年的艰苦奋斗，已经把法国大革命的新思想栽种在法国各地，并且随着我的南征北战而移植到全欧洲。这种新革命思想一经栽种之后，就自然会在各地发芽、开花、结果。

同年5月5日18时，拿破仑在痛苦呻吟中说“法兰西……

军队……冲锋”之后，与世长辞。

19 年后，法国七月王朝路易·菲利浦遵照拿破仑生前的愿望，派军舰到圣赫勒拿岛接回拿破仑的遗骨。1840 年 12 月 15 日，百万巴黎人民冒着严寒在塞纳河畔举行隆重的接灵仪式，并深情地护送这位伟人的灵柩经过凯旋门到荣誉军人院圆顶大堂停放。从圆顶大堂穿过广场，就是巴黎的母亲河——塞纳河。法国人民满足了拿破仑的最后遗愿，让他以一个老兵的身份长眠在塞纳河畔，安息在他热爱的法国人民中间！

第 2 章

影响深远的拿破仑时代

正是法国大革命使波拿巴能有如此非凡的命运。

——乔治·勒费弗尔

18 世纪末，法国爆发了震撼世界的资产阶级革命，随之而来的是震撼整个欧洲的拿破仑战争。拿破仑战争极大地丰富了近代资产阶级军事科学，导致了当时整个军事领域的深刻变化。

法国革命及拿破仑战争

18 世纪后期，资本主义在欧洲大陆获得一定发展。但除荷兰外，各国仍处在封建统治之下。

当时的法国是中央集权的、统一的封建国家。在法国社会的三个等级中，第一等级僧侣和第二等级贵族的人数不到全国人数的 1%，却占有全国土地的 30% 多，并享有特权。而作为第三等级的资产阶级、小资产阶级、无产阶级的前身——手工场工人、作坊工匠及城市贫民，以及广大农民，虽创造了社会财富，却受到封建专制的剥削压迫，没有政治权利。

随着资本主义在农业和工业中的显著发展，新的资本主义生产方式被旧的封建制度所束缚和阻碍，因而产生强烈的革命要求。

同时，一些启蒙思想家如伏尔泰、孟德斯鸠、卢梭、狄德罗等人反对封建专制、封建特权的思想，在法国很流行。一些关于人权、自由、平等的思想成为资产阶级反封建的有力武器。

1788 年，正值法国工商业危机、农业荒歉，失业和赤贫人数增加，许多城市和农村发生平民或农民起事。第三等级强烈要求改革。当时的法国国王路易十六被迫同意召开已停闭 175 年之久的三级会议，试图以此缓和矛盾、安抚人心。

1789 年 5 月 5 日，三级会议在凡尔赛召开。第三等级代表提出了增加自己代表名额、改革按等级分别议事及以等级为单位的表决法等要求，这些要求集中反映了第三等级特别是资产阶级争取领导权的愿望。

然而，法国国王和贵族的军队向巴黎和凡尔赛集结，准备强行解散三级会议。

同年 7 月 14 日，由于法国新兴资产阶级与封建统治阶级矛盾激化，巴黎人民举行武装起义，攻占法国封建专制的堡垒——巴士底狱，法国大革命由此爆发，并迅速席卷全国。

1792 年 8 月，巴黎人民举行第二次起义，推翻封建统治，于 9 月成立了法国历史上第一个资产阶级政权——法兰西共和国。法国资产阶级革命是一次彻底和深刻的资产阶级革命，它摧毁了法国的封建制度，确立了资产阶级政权，沉重打击了欧洲封建体系，推动了欧洲以及拉丁美洲各国的资产阶级革命和民族解放运动。

法国大革命爆发后，欧洲各君主国惊恐不安，奥地利、普鲁士率先出兵干涉。1793 年，奥、普、英、荷、西、撒丁、那不勒斯等国结成第一次反法联盟，出兵进攻法国，遭到法国军民顽强抵抗。

1798 年 12 月，英、俄、奥、葡、土耳其、那不勒斯等国结成第二次反法联盟。法国面临大军压境、国内政局动荡的严峻局面。在此形势下，拿破仑于 1799 年 11 月 9 日发动政变，推翻督政府，成立执政府。从此，欧洲进入一个新时代，即拿破仑时代。在该时代法国与反法联盟进行的战争，被称之为拿破仑战争。也就是说，后世学者为把拿破仑执政后与欧洲反法联盟进行的战争和法国革命时期的战争相区别，将之统称为拿破仑战争。

拿破仑战争大体分为两个阶段。

1799 年 11 月至 1812 年 7 月为第一阶段。在此阶段，经过大革命洗礼的法国凭借先进的政治、军事制度，动员全国的人力物力建立了一支编制完备、机动性强、富有战斗力的军队，接连打败了第二、第三、第四、第五次反法联盟，达到全盛时期。而奥、普、俄等反法联盟主要国家政治制度落后，内部矛盾重重，虽人力物力占有优势，但均被击败。

1800 年 4 月，奥军统帅梅拉斯将法军马塞纳部压缩在热那亚要塞内，并企图西进法国南部。为解除奥军威胁，拿破仑于 5 月率法军约 6 万人翻越阿尔卑斯山，从后方袭击奥军。6 月经马伦戈之战击败梅拉斯率领的奥军主力。1801 年 2 月，奥地利被迫签订《吕内维尔和约》，第二次反法联盟解体。

1805年，英、俄、奥、瑞典等国结成第三次反法联盟，从汉诺威到意大利对法国形成半月形包围圈。其中，奥军对法国构成直接威胁。拿破仑决定放弃渡海进攻英国的计划，以部分兵力在北意大利牵制奥军主力，亲率法军主力在一个月内行程600至800公里，从大西洋沿岸机动到莱茵河西岸，10月对侵入巴伐利亚的奥军实施迂回，将其围歼于乌尔姆地区。11月13日，法军进占维也纳。12月2日在奥斯特利茨之战中再败俄奥联军。法奥签订《普雷斯堡和约》，第三次反法联盟解体。

1806年9月，英、俄、普、瑞典等国结成第四次反法联盟，企图将法军赶出其占领区。普军轻敌自恃，未等与俄军会合便单独挺进，10月14日在耶拿和奥尔施塔特遭惨败。法军乘胜追击，几乎占领整个普鲁士。1807年2月，法俄两国军队在艾劳激战，未分胜负。6月14日，法俄进行弗里德兰之战，俄军失败。法军乘胜进军，抵达涅曼河左岸，俄国求和。7月7日和9日，法俄、法普分别签订《蒂尔西特和约》，第四次反法联盟瓦解。

1807年7月，拿破仑征服西欧、中欧广大地区后，把矛头指向葡萄牙和西班牙。10月，法国与西班牙签订瓜分葡萄牙的秘密协定并对葡宣战。11月，法军在西班牙军队配合下入侵葡萄牙，随后又以防止英军入侵为由出兵占领西班牙的战略要地。1808年3月，法军进占西班牙首都马德里。5月，拿破仑使用诡计夺取西班牙王位，派其兄约瑟夫取而代之。马德里人民起义反抗法军侵略，各地展开游击战。7月22日，近2万法军在拜伦投降。10月30日，拿破仑亲率20万法军攻入西班牙，于12月4日重占马德里，西班牙人民奋起抵抗。持续6年之久的伊比利亚半岛战争牵制了拿破仑数十万军队。

1809年1月，英国和奥地利结成第五次反法联盟，企图利用法军陷入西班牙之机击败拿破仑。拿破仑迅速调集军队迎击，于4月五战五捷，并于5月13日占领维也纳。奥军在卡尔大公指挥下于21至22日在阿斯珀恩—埃斯灵之战中将法军击败，但未乘胜追击，致使法军顺利撤退。拿破仑重新集结军队，于7月进行瓦格拉姆之战将奥军击败。10月14日，法奥在肖恩布鲁恩签订和约，粉碎了第五次反法联盟。

1812年6月至1815年6月为第二阶段。由于拿破仑连年征战给法国人民带来沉重负担，导致国内矛盾激化，也使法军精锐部队锐减，法军的战斗力明显下降。同时，拿破仑称霸欧洲的一系列掠夺性战争激起各被占领国及其人民的反抗，尤其是1812年侵俄战争的失败加速了帝国的崩溃。反法联盟各国借机发动大规模进攻，并取得最后胜利。

为称霸欧洲，拿破仑于1812年6月24日率60余万军队入侵俄国。战争初期，法军拥有绝对优势，俄军被迫退却。9月7日，法、俄双方主力进行博罗季诺之战后，法军进入莫斯科。俄军总司令库图佐夫率部转移到莫斯科西南160公里的卡卢加，威胁法军后方交通线。俄国军民坚壁清野，开展游击战。拿破仑的处境每况愈下，被迫向沙皇求和，遭到拒绝。10月，法军冒着严寒撤退，俄军跟踪追击。11月，法军在西渡别列津纳河时遭到重创，几乎全军覆没。与此同时，法军在西班牙屡遭失败，被迫撤出马德里。

1813年2月，俄、普结盟，英、西、葡、瑞、奥相继加入，结成第六次反法联盟。拿破仑组建“新大军团”迎击。5月，经吕岑之战和包岑之战打败俄普联军。8月，在德累斯顿之战中，法军虽取胜，但损失惨重。10月，在莱比锡之战中，法军被击败，拿破仑率残部逃出战场。反法联军乘胜追击，进逼法国边境。1814 年 1 月，联军 20 余万人进入法国境内。拿破仑在塞纳河流域迟滞联军达两个月，并于 3 月 21 日率部东进马恩河，企图将联军引离巴黎。联军不予理睬，全力向巴黎推进，于 3 月 30 日迫使巴黎守军投降。4 月 6 日，拿破仑被迫退位，以路易十八为代表的波旁王朝复辟。

1815 年 3 月，拿破仑离开流放地厄尔巴岛，秘密潜回法国，再度登上帝位。俄、英、普、奥等国立即结成第七次反法联盟，集结约 70 万人的军队，以求彻底打垮拿破仑。拿破仑匆匆重建军队，决定以攻为守，企图先击溃在比利时的英、普军队，再回师迎击俄、奥联军。6 月 16 日，拿破仑在利尼击败普军。18 日，在滑铁卢之战中，英军在普军配合下彻底击败法军。拿破仑再次退位，波旁王朝再次复辟。

拿破仑战争延续达 15 年之久，其直接后果是反法联盟取得胜利，封建王朝复辟。拿破仑战争尽管失败了，但它在政治上，动摇了欧洲封建制度的基础，唤起了欧洲民族的觉醒，促进了欧洲资本主义的发展，加速了欧洲的历史进程；在军事上，则表现了新兴资产阶级军事科学的进步性，即由法国资产阶级革命创造的新作战体系，大大优于旧的封建君主制度下的作战体系，也正是拿破仑战争对资产阶级军事科学的形成和发展产生了深远的影响。

军事领域的深刻变革

拿破仑战争虽然失败了，但拿破仑作为法国大革命时代正处于上升时期新兴资产阶级的代表，其军事反映了封建制度向资本主义制度的过渡，表现了资产阶级的进步性，即由法国资产阶级革命创造的新的作战体系，大大优越于旧的封建君主制度下的作战体系，因而使得军队的兵役制度、体制编制，以及作战思想等方面都发生了深刻的变化。其主要表现为：

首先，在兵役制度上用全民征集制代替了雇佣兵制。

18 世纪末叶，欧洲普遍采用雇佣兵制。当兵成为一种职业，受雇于国家甚至受雇于外国人去当兵打仗。

这种雇佣兵的来源很复杂，士兵大部分由农奴组成，各国军队尽量雇佣最低廉的劳动力去当兵，致使许多社会渣滓成为职业雇佣兵。

这种雇佣兵费用昂贵，更严重的是兵员素质差，缺乏自觉性，纪律松弛，战斗力低，须依靠严厉的惩罚来约束。军队内部关系的矛盾非常突出，在日常生活、行军、作战中，往往采取一些防范、监视士兵的方法。如果单个士兵和没有军官带领的一些士兵有活动，就会受到怀疑，被认为不可靠。因此在战场上将部队散开使用成了一个大忌。

法国大革命后，为适应资产阶级革命战争的需要，进行了兵役制度的改革，公民的军队代替了以当兵谋生的雇佣兵。

当时，法国旧军队仅 15 万人，在第一次反法同盟军的进攻下，很快瓦解。法国革命政府需要组建新的大批军队，但经费不足，而法国人民则乐于拿起武器保卫祖国，抗击侵略者。于是，在 1792 年 2 月招收志愿兵，实行募兵制：凡 18 岁以上 40 岁以下未婚及无子者，得以志愿入军籍。结果仅征得 16. 5 万人，仍难以适应战争的需要。

1793 年 8 月 23 日，法国又正式颁行普遍兵役制，规定法国男子皆有服兵役的义务。在 18 岁至 25 岁的男子中，以抽签方式征集，并禁止替代。1794 年征得兵员 70 余万人，支持了连续的、规模较大的战争。此后，欧洲各国也相继实行了普遍兵役制。

这种普遍兵役制通过对整个民族进行动员、组织和武装，不仅使人民得以广泛参战，使新型军队的规模比原来的雇佣兵军队大得多，使国家实际上具有了一支无形的、随时可供使用的常备军，而且兵员的素质也得到提高，人民作为自愿应征的具有民族意识的军人，在洋溢着爱国精神的军队中服役，对军队产生一种认同感，服兵役被看作一种光荣，并由此体现了整个民族的战斗力。

其次，在军队编组上炮兵发展为独立的兵种，在作战中步兵、骑兵、炮兵各兵种的配合更为密切和重要。

在此之前，欧洲军队以营为基本的战术单位，师为战略单位，步兵往往分成前后两线，骑兵配置在两翼，炮兵未作为独立兵种，而且整个军队因行动笨拙，通常是沿战线平均分布。炮兵对步兵、骑兵的配合受到较大限制，及时性也差。

拿破仑则采用了由步兵、骑兵和炮兵及工兵组成的固定的师及军团的编制，并几乎全部取消了庞大的辎重、帐幕及军官的行李，不仅便于协同，加强了战斗力，而且行军速度、机动性和灵活性大为提高。

火炮在 14 世纪时已出现，在 15 世纪时战场上虽出现炮兵，但往往为军队所雇佣而不列为军人。直到 17 世纪末 18 世纪初，炮兵才在大部分国家被列为正式编制，但仍未成为独立的兵种。

随着炮兵学理论的渐趋完善，以及炮架、炮身和炮弹的改进，出现了骡马炮队，炮可以随着骡马翻山越岭，有了一定的机动性。之后，被称为法国“炮兵之父”的琼·巴普蒂斯特·格利包佛尔又通过改革炮兵，发展了较完整的炮兵系统。拿破仑在此基础上，又改进和发展了法国炮兵，使火炮进一步标准化和轻便灵活，并提高了机动能力，编制也更趋合理，进而第一次使炮兵成为一个独立的兵种。

拿破仑还以连为战术单位，既能配备于师，分散支援步兵、骑兵作战，又可迅速集中，形成强大的炮兵火力，进行重点攻击，从而改变了炮兵平均使用、分布不合理的弱点。防御时，火炮可在主要方向杀伤、拦阻敌军；进攻时，可集中先行轰击重要目标和阵地，完成开路任务，继之以步兵、骑兵冲击。

在拿破仑战争时期，火炮在战场上使用的范围和数量越来越大，有些大的战役交战双方运用火炮多至千门。并且，原先单独编组的步兵、炮兵和骑兵，混合编组到新成立的军、师中统辖，加强了兵种之间的支援、配合和协同，提高了军队独立作战的能力。

再次，在作战方法上摒弃落后的线式战术，推广和运用散兵战术，适应了新的作战特点。

线式战术是欧洲在 17、18 世纪时流行的战法，至弗里德里希二世时发展到完善的地步。军队中以全体步兵排成三线，形成一个狭长而中空的四边形，只能以战斗队形为一个整体来运动，至多只准许两翼中的一翼稍许前进或后退一点。士兵只能在上级命令和保持完整队形的情况下作战，他们不了解上级的作战意图，也没有独立思考和判断的能力。军队只能依靠大的辎重和后勤体系，无法在大范围内活动，致使其机动性和灵活性受到限制。

在拿破仑战争时期，弗里德里希二世时期风行一时的线式战术被逐渐淘汰，而代之以纵队为主、机动灵活的散兵战术。

纵队战术在法国大革命前已出现，拿破仑在战争中大规模使用。其演变过程是，线式战术的两列横队的前排，以线式队形边射击边前进并在这一过程中逐渐散开，后排以散兵纵队形式跳进，并逐渐过渡到整个部队的梯队纵队。

拿破仑战争时期已出现整师的梯队。具体运用方式是，交战时，以数营散兵部队在主力前形成散兵群，以直瞄火力利用地形的掩护向拘泥于线式队形逼近的敌军射击。每次当敌人进攻时，散兵群都疏散开，以便在有利时机再发起攻击。复杂的地形和疏散的队形不再是作战的阻力，而是其优势所在。

与死板的线式战术相比，纵队虽易受炮火的杀伤，但其机动性受地形限制较少，适用于开阔地和非开阔地，而且利于形成强大的突击能力，并可灵活变换，根据需要转换为线式队形或防骑兵攻击的方阵。

法军这种散兵与纵队相结合的战术，可以较好地利用地形地物保存自己，杀伤敌人，而且具有很大的弹性和灵活性，但对士兵的素质有要求，即充分理解上级的意图，不会逃亡并有独立作战的勇气。

在拿破仑的指挥下，这种战术得到改进和充分的发挥。他更注重散兵战与整个会战的关系，更强调在军一级编制上纵深部署。随军队性质、兵员成分和战术的变革，法军的作战指挥一改过去有限战争目标，以及争夺有限地域的战争形式，谋求在决定性战役中歼灭敌军，以一系列歼灭性战役获得战争的胜利。

总之，法国资产阶级革命及拿破仑战争的实践，宣告了封建专制主义陈腐落后的旧战争学说的彻底破产，对资产阶级军事科学的形成和发展产生了极为深远的影响。

对此，恩格斯曾生动地评述说，拿破仑在军事科学上不朽的功绩就在于他发现了在战略和战术上唯一正确的武装广大群众的方法。法国革命创造了像拿破仑这样的人物，而拿破仑则在其战争实践中，使当时的军事学术发展达到了完善的地步，以至于他同时代的将军们“一般地不仅不能胜过他，而且只能试图在自己最光辉和最成功的作战中抄袭他罢了”。

第 3 章

卓越的军事统率艺术

拿破仑的幸运和大胆使过去人们惯用的一切作战手段都变得一文不值，许多第一流的强国几乎被他一击即溃。

——克劳塞维茨

有人认为，资产阶级军事科学首先是在研究拿破仑的统率艺术和作战原则的基础上建立起来的。这种看法不无道理。拿破仑是法国大革命时期涌现出来的一位叱咤风云、战功显赫的著名军事统帅，他连续 20 多年纵横驰骋于欧洲战场，组织指挥了大小会战 50 多次，赢得其中 35 次胜利，并常常是以少击众，以劣势对优势而获胜，充分展示了其卓越的军事统率艺术。

拿破仑一生没有写过长篇的军事理论专著，但他晚年在圣赫勒拿岛口述而由别人笔录的关于 1793 年围攻土伦之战，1796 年至 1797 年对意大利之战，1798 年至 1799 年对埃及和叙利亚的远征，以及他在这些战争中向士兵发表的讲话、命令和对罗尼阿所著的《军事艺术评论》一书批注的 17 条意见，及后来由布尔诺将军根据他的书信、手令和日记等摘编出版的《拿破仑军事语录》等，都是他留给后世的颇有价值的军事遗产。尽管这些文字不够系统，但结合拿破仑的战争实践，仍然可以从中探讨其杰出的军事才能及丰富的军事思想。

力图消灭敌人的军队

通观拿破仑一生所指挥的几十次会战，贯穿其全部军事活动的最重要的战略思想就在于，总是把消灭敌人的军队作为战争的主要目的。

在拿破仑看来，在一场革命中，主要的目标不是争取军事力量的援助，就是瓦解军事力量。基于这种认识，拿破仑在战争中总是把消灭敌人的军队置于首要地位。

他说："欧洲有很多优秀的将军，但他们一下子期望的东西太多，而我只看到一个东西：敌人的兵力，并且力图消灭他们。"并强调指出："我只看到一点，那就是敌人的大量军队。我力图消灭他们，因为我相信，只要把军队一消灭，其他的一切都会随之而土崩瓦解。"

对此，马克思曾评价说："主力只用于战争的主要目的——消灭敌人。这是拿破仑所制定的两条老生常谈的作战原则之一。"

若米尼也评价说："一个统帅具有的最可贵的才能和取得胜利的最可靠的保证就在于，是否善于选择消灭或瓦解敌军的目标。"而"拿破仑的最明显的长处就在于此。他推翻了陈旧的理论，不满足于仅仅攻下一两个要塞，或占领一个不大的边境省份。他深信，创造伟大战绩的最主要方法，就是分割和消灭敌人的军队。他认为，不论是一个国家，还是一个省份，只要它们失去了有组织的部队，就必然会自行陷落”。

拿破仑的这一力图消灭敌人军队的战略思想，贯穿于他所进行的全部战役中。他在指挥作战时，从来不先去抢占敌人的领土，而总是首先寻找敌人的军队，并力图在一次会战中把他们消灭，从而夺取胜利。

在意大利之战中，拿破仑寻找一切机会歼灭敌军主力，曾以一支3万人装备很差的军队，同反法联盟进行了14次会战，70次战斗，先后歼敌20余万，粉碎了第一次反法联盟的武装进攻。

其中的曼图亚争夺战更体现了拿破仑总是力图寻找敌人军队作战的特点。曼图亚要塞位于波河和明绍河交汇处，地形险要，工事坚固，可屯数万之众，有“意大利锁钥”之称。当时流传一句名言：“曼图亚在谁手，意大利归谁有。”由于曼图亚为奥地利军队在意大利的唯一重要基点，势在必守，以阻扼法军。而法军为控制北意大利，并打通德奥之路，也志在必得。

对于这样一个处于关键地位的要塞，拿破仑不是花费高昂的代价去直接强攻，而是采用围点打援的方法来智取。

为解曼图亚之围，奥军曾不遗余力地连续四次派兵加以援救，均被法军粉碎，拿破仑正是借此消灭了大量奥军。

其中，法军在第一次包围曼图亚时，总兵力约4.2万人，仅以约8000人围攻曼图亚，却以3.4万人待机迎击奥军的援兵。当时，拿破仑曾以奥塞罗师和马塞纳师各一部佯攻奥军主力，而故意退却。奥军受惑，派兵追击，扩张右翼，导致左翼薄弱。而法军在夺取奥军左翼堡垒后，继续吸引奥军来战。待奥军应援时，法军全线转取攻势，对奥军右翼形成包围，并大败奥军。此役，奥军共伤亡 2.5 万人，被俘 1.5 万人。法军仅伤亡 7000 余人。

而最为典型的战例是拿破仑通过里沃利之战粉碎了奥地利军队第四次解围曼图亚的企图。当时，阿尔温奇元帅统率的奥军近 10 万人，并亲率 4.5 万人沿阿迪杰河南下，而拿破仑手中可以用来对奥军作战的机动兵力只有 3.1 万人，但拿破仑却仍以消灭敌人军队为主要作战目标。

1797 年 1 月，在意大利北部的里沃利高地，奥军 2.8 万人分六路从正面和两翼向约 1 万法军发起进攻。拿破仑判明奥军主攻方向后，迅速向里沃利方向机动，并亲率主力迎战阿尔温奇元帅统率的奥军主力。

1 月 14 日，正面奥军发起冲击，一度迫使法军退却。关键时刻，拿破仑遣预备队 3000 人由右翼迂回奥军侧背攻击。北路奥军主力受到夹击后大败。法军正欲追击阿尔温奇军时，获悉奥军东路已渡过通向曼图亚要塞的天然屏障阿迪杰河，将与曼图亚奥军会合，并危及法军主力后路。

拿破仑断然放弃追击，率主力回师南下，于 15 日强行军抵达曼图亚北方三公里处的拉法沃里塔，迫使奥军处于法军主力和奥塞罗部的夹击中，进退维谷，遂全部投降。拿破仑通过巧妙组织里沃利之战，又一次以少胜多，取得了大量消灭敌军的胜利。

拿破仑在给当时督政府的报告中宣称：“在 4 天内打了 4 次战役和 6 个遭遇战，总共杀伤敌军 6000 人，俘虏 2.5 万人。”

曼图亚要塞是 1796 年被拿破仑包围的，到 1797 年 2 月，前来解围的奥军名将武尔姆泽尔、阿尔温奇等先后被拿破仑打败，其军队被大量歼灭，守军待援无望，粮弹将罄，终于向法军投降。

为达到消灭敌人军队的目的，拿破仑惯于采取打掉一个再打下一个的方法，将敌各个击破。

如1814年2月，反法联盟以压倒优势的兵力侵入法国境内，当施瓦岑贝格的奥军主力和布吕歇尔的普军主力分别沿塞纳河和马恩河向巴黎挺进时，拿破仑利用敌军两路隔绝的弱点，决定机动自己的兵力，通过造成局部优势先攻击普军。2月10日全歼普军中的一个俄国军团，然后急速往西，于第二天重创普军的另一支部队。再通过机动兵力，于14日击溃布吕歇尔直接指挥的一支部队。

拿破仑忽东忽西机动自己的兵力，不是企图夺取一城一地，而是寻找一切机会歼灭敌军兵力，使布吕歇尔统率的普军遭到很大损失。接着，拿破仑又掉过头来连续击溃奥军的三支部队，迫使施瓦岑贝格提出停战的要求。

相反，当拿破仑在战争中达不到消灭敌人军队的目的时，就往往作战失败。如1812年的侵俄战争，拿破仑在斯摩棱斯克和博罗季诺等重要会战中，都未能实现歼灭俄军主力的目标。对此，他自己就曾评价说，莫斯科城下的一战（博罗季诺之战），法军表现了最大的勇气，却获得了最小的胜利。而法军以惨重伤亡占领的莫斯科仅是一座损毁严重的空城。拿破仑向莫斯科旷日持久的进军，只能以惨败宣告结束。

在西班牙，人民游击战争牵制了法军大量兵力（最多时达30万），使法军遭受重大损失。当时流行一种说法，法军在西班牙的不断损失，成了法兰西帝国身上的一块“溃疡”。这块“溃疡”不断腐烂、扩大，侵蚀了帝国肌体，并长期无法医治。而拿破仑自己的军队则不断被消灭，并为后来其战争的失败埋下了“祸根”。

在吕岑之战以及1814年的战局中，法军虽取得了一些局部性的胜利，但拿破仑并未坚持其一贯的歼灭敌人有生力量的思想，一再失去歼灭敌军主力的机会，被消灭的敌军的数量不是很多，而自己的军队却不断被削弱，以致无法转弱为强，终于导致了最后的失败。

总是应该先动手攻击

为达到消灭敌人军队的目的，拿破仑把积极采取攻势行动视为主要的作战手段。早在1793年，当拿破仑还是一个青年军官，尚未在土伦崭露头角时就曾认为，凡是躲在堑壕里的人一定会被击败。并指出，这是战争艺术中的一条公理，经验与理论在这一点上完全一样。

拿破仑说过，他的想法与弗里德里希二世一样，一个人总是应该先动手攻击的。如果允许别人进攻自己，那是一个极大的错误。

他又说：“要使战争变成为进攻的，像亚历山大、汉尼拔、凯撒、古斯塔夫·阿道夫、杜伦尼、尤金和弗里德里希二世等人所做的那样，你就要以他们为典范，这是使你成为名将和了解战争艺术秘密的唯一方法。”

拿破仑还在《论攻击战》一文中指出，应深入研究亚历山大、汉尼拔、凯撒、古斯塔夫·阿道夫、秋林、叶甫根尼亲王和弗里德里希二世七位大统帅所遵循的一些正确的作战原则。

其中，亚历山大进行过8次战争，征服了亚细亚和印度一部分。汉尼拔进行过17次，1次在西班牙，15次在意大利，1

次在非洲。凯撒进行过 13 次战争，8 次是征服高卢，5 次是进攻庞培的军队。古斯塔夫·阿道夫进行过 3 次战争，1 次在利沃尼亚同俄军作战，2 次在德意志同奥地利皇室作战。秋林进行过 18 次战争，9 次在法国，还有 9 次在德国。叶甫根尼亲王进行过 13 次战争，2 次对土耳其，5 次在意大利对抗法军，6 次在莱茵河和弗兰德。弗里德里希二世进行过 11 次战争，作战地点在西里西亚、波希米亚和易北河沿岸。

拿破仑强调说："认真阐述这 83 次战争的历史，可以写成一部完整的作战艺术研究指南，并且可以把这种历史作为制定一切防御战和攻击战规则的原始资料。"

拿破仑还在论及为什么要积极采取攻势行动的问题时说："在战役开始之初，应否前进的问题需要慎重地考虑；但是你一经采取攻势，就必须坚持到底。"因为"无论你的调度是怎样巧妙，退兵对于军队总要发生一种有害的精神影响，你自己即丧失了成功的机会，你就是把成功的机会送到敌人的手里。加之，无论是在人力或物力上，退兵的损失远较那最猛烈的血战为多；在战斗中，敌军的损失是和你相差无几的，但是在退兵时，损失是会在你这一方面"。

关于拿破仑酷爱攻势作战，恩格斯也曾认为，拿破仑和古希腊著名统帅埃帕米农达、马其顿国王亚历山大、迦太基著名统帅汉尼拔、古罗马著名统帅凯撒一样，都是特别喜爱攻击的统帅。

恩格斯还在为《美国新百科全书》撰写的"攻击"条目中高度赞扬拿破仑说："在完全防御性的战局中进行进攻战和不断攻击的最出色的例子，是拿破仑的两个卓越的战局——1814 年战局和 1815 年战局，虽然前者以拿破仑被流放到厄尔巴岛而告终，后者以滑铁卢的失败和巴黎的陷落而结束。在这两个著名的战局中，这位完全为了保卫遭到敌人侵犯的国家而战的统帅，在一切地点一有机会就向敌人进行攻击；虽然整个说来兵力始终比入侵的敌人少得多，但是他每次在攻击地点都能够造成优势，而且通常都获得了胜利。这两个战局的不利结局丝毫也不贬低它们在总的意图方面的优点或其中局部行动的意义。”

拿破仑一生指挥的几十次会战，除 1813 年的莱比锡之战可以称为纯粹防御战之外，其余几乎都是进攻性的，包括 1814 年和 1815 年两次防御性战局的多次会战在内。

仅以 1814 年的战局为例，当时，反法联军 20 余万人进入法国境内，拿破仑集结约 8 万人阻击联军。诚如恩格斯所说，虽然整个说来拿破仑的兵力比入侵的联军少得多，但拿破仑总是力求每次在攻击地点都造成局部优势，并通常都获得了胜利。

1 月 25 日，拿破仑离开巴黎亲自指挥在夏龙的军团，并于 27 日在圣迪济埃击败普将约克，继而紧追联军西里西亚军团司令布吕歇尔。29 日在布里埃打败普军。

2 月 1 日，拿破仑在拉罗蒂埃之战中被比他多三倍的俄、奥、普联军击败，形势十分危急。但他很快便发现，联军为行军和供给的方便，犯了分兵进军的错误。其中，普军司令布吕歇尔取道塞赞纳，以一列纵队成梯形向西北推进，指向巴黎；联军总司令施瓦岑贝格则向正西方取道塞纳河岸的巴尔和桑，然后沿塞纳河谷经枫丹白露达巴黎。

拿破仑迅速利用敌人的失误，决定以维克托元帅和乌迪诺元帅阻挡较弱的施瓦岑贝格，自己率主力对较强的布吕歇尔军发动猛烈攻击。2 月 7 日，布吕歇尔的前卫萨肯的俄国军团抵达蒙米赖，距巴黎仅约90千米。拿破仑当时正处在位于塞纳河以南的施瓦岑贝格和位于塞纳河与马恩河的布吕歇尔之间，他立刻抓住时机，率莫蒂埃元帅和内伊元帅的骑兵迅速向北，于10日进行了尚波贝尔之战。拿破仑集中4.5万人的兵力，全歼了俄军奥尔苏费夫师，击毙和俘敌约4500人，缴获火炮约24门。

2月11日，拿破仑又进行了蒙米赖之战。他发扬连续作战的勇猛精神，在三天连续三战中，攻击并击败了俄国萨肯军和普鲁士的约克军，俘敌近万人。

2月14日，拿破仑还进行了沃尚之战。当天上午，拿破仑赶到蒙米赖以东八九千米的沃尚，法军马尔蒙元帅当时正受布吕歇尔统率的普军压力。拿破仑要求马尔蒙坚持不动，命令其近卫军发动攻击，并命令格鲁希元帅的骑兵迂回敌后切断其退路，击败了布吕歇尔统率的普鲁士军队，使普军损失9000人，并迫使其在遭受重大损失后向东败逃。接着，拿破仑又掉过头来打击施瓦岑贝格统率的奥军。

2月18日，在蒙特罗之战中，拿破仑亲率近卫军支援维克托元帅，先后击溃俄将帕伦、维特根斯坦因和符腾堡亲王，夺回了塞纳河上的渡口，击毙联军约3000人，俘敌约4000人。拿破仑动作的神速吓坏了联军总司令施瓦岑贝格，他请求停战，遭到拿破仑的拒绝。

拿破仑在强敌面前取得了一连串出色的胜利，使历史学家和军事学家惊叹不已。拿破仑同时代的曼弗列德生动地描述说："遭受欧洲各国军队铺天盖地从四面八方追击着的皇帝，像一头雄狮那样进行战斗，忽而向这边冲去，忽而向那边冲去，以运动的惊人速度战胜他们的策略，使他们的计划落空，使他们筋疲力尽。”

英国著名军事评论家罗斯也以十分钦佩的口吻写道：“从来没有像拿破仑在拉罗蒂埃战役以后那样，倏忽之间，时来运转，吉星高照，大放异彩，把布吕歇尔和施瓦岑贝格训练有素的军队弄得晕头转向。尽管这些将领有过错，而且过错很大，但拿破仑使其战败气馁的队伍忽然成为耀武扬威的阵列，使四倍于他的兵力也只好掉头逃命，其中自有无法分析的奥妙。正是这种超凡之处，使拿破仑的性格与功业增添魅力。分析有所不逮，就称之为天才。”

然而，拿破仑并非不顾一切地一味采取攻势行动，而是注意在防御中适时转为进攻行动。

他指出：“整个战争的艺术，就是先作合理周密的防御，然后再进行快速、大胆的进攻。”

他还注意把进攻和防御作为有机联系的统一体，他说：“防御战并不排斥攻击，攻击战亦不排斥防御。”并认为，“从守势战转入攻势战，是一种最微妙的作战动作”。

如在 1809 年 4 月的埃克缪尔之战中，奥军主力约 6.6 万人，在雷根斯堡地区向法军发动了猛烈的攻击。拿破仑先令达武率领的居于劣势的法军及巴伐利亚盟军，借助森林密布的大拉贝河谷地形进行防御，并适时进行有效的反击，挡住且部分击退了奥军的进攻。

继而，拿破仑则亲率 4 万人的军队赶到埃克缪尔，随即向奥军左翼发起猛攻，在达武军同时发起反击的配合下，把卡尔大公统率的奥军主力逐退到多瑙河北岸，获得大败奥军的胜利。

拿破仑认为，采取进攻必须十分谨慎，要充分估计具体情况和敌我双方的兵力与火力，绝不应该不分青红皂白地莽撞蛮干。

他说："在战争中，要多估计，否则将一无所获。""我已经习惯于在三四个月以前不思考我应该做的事情。不过，我总是做最坏的估计。""我习惯采取多种防患措施，从来不靠什么机会。""只有拟定一个深思熟虑的计划，才有可能在战争中成功。"

同时他还认为，犹豫不决和畏缩不前的作战行为，或试探性的进攻是非常有害的，它将导致最终的失败。他论述说："在严重的危机时刻，不应有丝毫的犹豫不决，犹豫不决总是毁灭人，而从不会把人从厄境中救出。英国的查理一世原有能力战斗并获得胜利，但他犹豫不决以致被斩了首。犹豫不决就是缺乏正确判断的才智。凯撒曾经在鲁比肯河边犹豫不决，这一天他完全不像他自己了。军人的重要美德之一，就是应该行动的时候毫不犹豫。"

多兵之旅必获胜

为在坚决的进攻中取得胜利，拿破仑一贯坚持"集中大于敌人的优势兵力"的作战原则，并用"多兵之旅必获胜"的名言对此作了表述。

首先，为了保证以我之优势击敌之劣势，必须集中兵力。

拿破仑指出，历史上许多杰出的将领如汉尼拔等人"遵循的作战原则是保持兵力集中"，"把自己全部军队集中为一个拳头"。

他一再强调："战争中的第一原则，就是要求所有的部队在战场上集中好了之后才进行会战。”“军队必须集结，而且必须把最大可能的兵力集中在战场之上。”

他在1806年8月8日给那不勒斯国王的信中写道：“部署兵力的艺术也就是进行战争的艺术，应该用这样的方法部署你的兵力：不管敌人采取什么行动，你都应能几天之内把你的兵力集合到一起。”

他还在同年2月14日给其哥哥约瑟夫的信中写道：“你的军队太分散了，应该采取的行动是，使兵力能在一天之内集中在战场上。”

拿破仑认为：“一个指挥官决心进行会战，就要迅速集结部队，不可有所忽略，有时，仅只一个营的兵力也会成为胜败的关键。”因为“一滴水足以使水瓶中的水溢出来”，所以，在会战中，一旦“决定性时机到来了，精神的火花点燃了，一支很小的预备队即足以解决一切”。

其次，在敌优我劣的情况下，必须善于在关键性的局部集中优势兵力，各个击破敌人。

拿破仑指出，军事指挥的艺术，就在于当自己的兵力数量居劣势时，反而能在战场上化劣势为优势。

他说，所谓战术，即以劣势兵力集中于进攻或防御的主要方向上，以获取局部优势。并一再强调，必须在一定时间和需要的地点集中比敌人在同一时间、同一地点占优势的兵力。

据说，法国督政府成员戈伊埃有一次谈到1796年和1797年的意大利战争时对拿破仑说，你经常只有少量兵力，却击溃了强大的敌人。拿破仑不同意这个说法，纠正说，我的兵力总数虽然比敌人少，但在战场上的每一次具体进攻中，却要比敌人强大，因为我总是在局部地点坚决集中优势的兵力，采取闪电般的速度，去攻击分散的敌军，并力图把他们消灭。

拿破仑还在同法国将军莫罗的一次谈话时谈到了这个问题。莫罗在解释了自己曾在意大利吃了败仗的某些原因后说，面对这么多联合的军队，即使我们这支雄壮的军队也无法避免战败。人多势众常常击败人少力薄。拿破仑肯定说，你说得很对，人多势众常常击败人少力薄。并进一步解释说："当我以劣势部队迎战敌人大部队时，我很快编组部队之后，即以雷霆万钧之势突击敌人的一翼，将其击溃。然后就利用突击在敌军内部引起混乱去攻击敌人的另一部分，这次还是使用我的全部兵力。我就是这样各个击破敌人的。你瞧，较大的战胜较小的，这是必然会取得的胜利。"

克劳塞维茨曾认为，在1814年的战局中，拿破仑对施瓦岑贝格敌方情况的正确判断，敢于在一段时间内仅以少量兵力同敌人对峙的冒险精神，以及以强行军的毅力，用主力向布吕歇尔进行袭击的胆量，是拿破仑当时取胜的重要原因。并指出："要取得相对的优势，也就是在决定性地点上巧妙地集中优势兵力，就往往必须准确地选定决定性地点并使自己的军队一开始就有正确的方向，就必须有决心为了主要的东西（即为了大量集中自己的兵力）不惜牺牲次要的东西。……拿破仑在这方面做得十分突出。"

若米尼也评价说，一切战略行动，都必须通过巧妙的行军，把主力连续投到与敌人作战正面的决定点，以主力各个击破敌人。拿破仑在1796年、1806年、1809年、1814年和1815年的战例都说明，"拿破仑善于把原来分散在各地的纵队很快集中到作战地幅的决定点上，其精确程度令人吃惊。他就是靠这种指挥保证战局胜利的"。

对此，马克思和恩格斯在分析拿破仑的作战特点时也曾概括地指出："拿破仑的秘诀在集中，而他的继承者的秘诀却在于分散。当拿破仑看到自己不得不在两个不同的战场上作战时，例如在对奥地利的战争中，他就立即把自己的最大部分兵力集中在有决定意义的作战线上……而把较少的兵力留在次要战场上……因为他相信，即使他的军队在次要战场上打了败仗，他自己在主要作战线上的胜利也能比任何直接的抵抗更可靠地阻挡敌军的前进。"

毛泽东也精辟地概括说，拿破仑指挥的多数战役"都是以少击众，以劣势对优势而获胜"，即"先从自己局部的优势和主动，向着敌人局部的劣势和被动，一战而胜，再及其余，各个击破，全局因而转成了优势，转成了主动。"

事实上，在拿破仑一生指挥的几十次战役中，大约有30个战役，都是在战场作战总兵力处于劣势的情况下，依靠在战场上形成的局部优势而以寡击众，以少胜多。有名的意大利之战、马伦戈之战、奥斯特利茨之战和耶拿之战等，都是在集中优势兵力、各个击破敌人作战原则指导下取得辉煌战果而载入史册的。

例如，在意大利之战的第一阶段，奥地利、撒丁联军8万人，法军仅3万人。战前，法军意大利军团被压缩在从尼斯到萨沃纳的狭长地带，同科利将军率领的撒军2.5万人和博利厄率领的奥军3.5万人对峙。

1796年4月初，法军一部攻占热那亚附近的沃尔特里，博利厄据此判断法军将主攻热那亚，遂将联军分为三路：撒丁军为右路，扼守塔纳罗河一线；阿尔然托将军为中路，率奥军进攻蒙特诺特，企图在法军向热那亚推进时攻击其左翼并断其退路；博利厄本人为左路，进攻沃尔特里，以阻止法军进攻。

拿破仑针对奥、撒联军部署分散的弱点，决定首先集中打击中路奥军。拿破仑率法军迅速突破奥、撒联军的结合部，然后在奥军和撒丁军之间实施穿插迂回，连续不断地调动联军，依次给奥、撒联军一系列打击。

12 日，拿破仑向蒙特诺特的奥军突然发起进攻，歼敌 3000 余人。

13 日至 15 日，拿破仑经米莱西莫之战和代戈之战，切断奥、撒联军的联系，接着回师西击。

21 日，拿破仑又集中全部兵力向力量较弱的撒丁军猛扑，在蒙多维重创撒军，并以骑兵追击扩张战果，直逼撒丁首都都灵，迫使撒丁国王单方面签订停战协定。

随即拿破仑再转移兵力，集中全力追击并重创奥军。结果，在一个月内，拿破仑以总体上少于敌军的兵力，胜利结束了意大利之战的第一个阶段。

在 1796 年 11 月的阿尔科莱之战中，阿尔温奇元帅统率的奥军拥有 4 万多人，法军仅 2. 8 万余人。阿尔温奇用这支当时号称哈布斯堡王朝的精锐之师，仗着数量上的优势，接连几次取得击退法军的胜利。

面对优势的敌人，拿破仑首先采取逐步收缩部队的办法，有计划地进行适当的后退，巧妙地调动自己的部队，选取有利的阵地，终于在收缩、后退中集结了可对付敌军主力进击的兵力。随后，在阿尔科莱地区展开了一场血战。在作战中，拿破仑集中较多的骑兵实施迂回袭扰，在关键时刻又以较多兵力抢占了阿尔科莱桥，对敌实行正面猛攻，以局部优势夺取此战的胜利。此役，拿破仑只以伤亡 4500 人的代价，击毙奥军 6000

余人，并粉碎了阿尔温奇第三次为曼图亚要塞解围的企图。

在1805年12月的奥斯特利茨之战中，俄、奥联军拥有8.7万人的兵力，而法军只有7.3万人，拿破仑在总兵力上居于劣势。

战役开始前，拿破仑充分掌握了联军的意图及其判断的错误，洞悉并利用了联军企图切断法军南下维也纳和多瑙河退路进而将法军向北压缩于山谷中加以歼灭的计谋，率领法军沿着摩拉维亚被雨水冲刷的泥泞道路，忽而前进，忽而后退，并故意放弃双方必争的普拉岑高地，将自己的左翼暴露在联军面前，诱使俄军迂回分兵，以便在运动中攻击其侧背。

拿破仑还利用地形对法军进行了合理部署：在右翼，以1万余人的兵力牵制联军主力4万余人，而在左翼的普拉岑方向上，则以法军主力6万余对付4万联军，形成局部的兵力优势。

12月2日，拿破仑在奥斯特利茨村以西、维也纳以北120公里的普拉岑高地周围的丘陵地带进行了著名的奥斯特利茨之战。

当日7时许，俄、奥联军开始进攻。9时许，联军左翼进攻受阻，急调据守普拉岑高地的部队加强左翼。法军迅即抢占高地，从而把联军切成两段。联军为重新夺回高地连续发起四次冲击，均被击退。左翼法军经苦战将联军右翼击退至奥斯特利茨。

与此同时，法军从普拉岑高地向联军主力侧后实施反击，利用局部压倒优势的兵力将联军包围并压缩到湖泊沼泽地带。联军主力除少数逃往布吕恩外，大部拥挤在刚刚结冰的湖面上，遭高地上法军炮火的猛烈轰击，致使联军整团整团地被淹死，或被击毙和生俘。俄、奥联军在几小时内被歼。沙皇亚历山大一世和奥皇弗兰茨二世侥幸逃脱，联军总司令库图佐夫受伤，险些被俘。

在奥斯特利茨之战中，法军只以死伤8800人的代价，打死打伤联军1.2万人，俘虏1.5万人，缴获火炮130多门。这次战役中，尽管法军在数量上处于劣势，但拿破仑仍能通过快速机动，巧妙地形成战场上的局部优势，并以闪电般的速度给分散的敌军以毁灭性的打击。

行军就是战争

强调快速机动，是拿破仑的重要作战原则之一。

拿破仑有一句名言："行军就是战争。"并指出，"战争的才能就是运动的才能"，"善于运动的军队必能获得胜利"。

他论述说："军队的力量与力学中的动量相似，是质量与速度的乘积。快速的行军，能够提高军队的士气，足以增加取胜的机会。"在作战中，有时"人员数量的不足，可用进军的速度来弥补"。

对此，德富伯爵在其《战争的演变》一书中写道："运动是拿破仑战争的灵魂，正好像决定性会战构成它的工具一样。拿破仑使他的部队以一种有计划的速度进行运动……用速度乘他们自己……以急行军来弥补数量的不足。"

在如何组织军队实施机动的问题上，拿破仑认为，最简单的运动就是最好的运动。

他说："军事艺术是一种执行命令的艺术，一切复杂的计谋都应当抛弃掉。简单明了是执行好军事行动的首要条件。"

他认为，翼侧暴露于敌的行军应当避免，非采用不可时，行程要尽可能求短，并尽量提高速度。简而言之，机动必须简便和迅速。

克劳塞维茨对此曾评价说：“要在战争过程中利用出敌不意取得巨大的效果，就必须积极地活动、迅速地定下决心和进行强行军。弗里德里希二世和拿破仑是大家公认的在这方面造诣最深的统帅。”

恩格斯对拿破仑的上述观点曾作了充分的肯定，并在论述“行动的迅速可以弥补军队的不足”的观点时，提出了“时间就是军队”的著名格言。恩格斯还指出：“运动性不仅是军队众多性的必要的补充，而且甚至常常可以代替后者（譬如1796年拿破仑的皮埃蒙特之战）。”“耶拿会战可以作为这种运动的具有历史意义的卓越范例。拿破仑以其主力突然猛扑普军左翼，八小时内就打乱了普军的队伍，切断了它退却的道路，并消灭了它，从此这支普军就不再存在了。”

拿破仑在战争实践中，的确进行过不少成功的机动。

例如，乌尔姆之战，从某种意义上说，就是依靠行军的速度赢得胜利的。

1805年8月，当英、俄、奥等国结成第三次反法联盟准备对法作战时，拿破仑的十几万军队正集结在加来海峡岸边的布朗涅军营，并准备横渡英吉利海峡去袭击英国本土。当拿破仑获悉并确信大陆上的战争即将再次爆发时，才于8月23日决定放弃对英国本土的进攻，并计划把17.6万人的法军主力从海峡岸边以强行军的速度调到多瑙河前线。

拿破仑将当时法军步兵每分钟走70步的传统速度提高到120步，从而使原本需40天的行程缩短为25天，除远在布勒斯特的奥塞罗军外，各军均按时于9月26日赶到了莱茵河一线。

当时前进到乌尔姆的奥军有 6 万人，正等待 10 万俄军赶到，他们原以为拿破仑在 10 月之前无法将军队调到多瑙河谷，而拿破仑这次行军的神速，使奥军措手不及。

拿破仑以惊人的速度渡过莱茵河，使法军恰好处在奥军和俄军之间，既能切断奥军的主要交通线，又能赶在俄、奥两军会合之前，将他们各个击破。而俄军行动的迟缓，也使拿破仑的计划得以实现。

10 月上中旬，法军先后抢占战略要点，逐步完成了对乌尔姆的包围。14 日至 15 日，法军发起强攻，夺占乌尔姆以北两处制高点，并逐步缩小包围圈。20 日，奥军参谋长麦克在四面被围突围无望的情况下被迫率部投降。

此役，拿破仑依靠神速的机动，使法军在 300 公里的战线上实施大纵深迂回，抢时间出奇制胜，仅以伤亡 1500 人的代价，取得了歼敌 5 万余人的辉煌胜利。

战后法军将士纷纷传说："皇帝已经发现了一种新战争方法，他所利用的是我们的两条腿，而不是我们的刺刀。"

拿破仑自己也很欣赏此战，自称"在如斯狭小之地域内，使机动如斯之大军，以前未尝有之"。并写信给其妻约瑟芬说，他的目的已如期达成，仅需调兵即可征服奥地利。

拿破仑有时还在形势不利的情况下，通过实施机动化险为夷，转危为安。

如 1809 年 4 月的阿本斯贝格之战，是拿破仑自鸣得意的运用迂回行动的杰作。当时，法军达武统率的第三军和巴伐利亚军位于多瑙河正面战线上，受到奥军两倍优势兵力的夹击，处境甚危。

对此，拿破仑当机立断，命令达武军从雷根斯堡缓缓退却，与巴伐利亚军在多瑙河以南的丘陵地区会合，使两军并肩作战，共同抗击奥军的正面进攻，并以此诱使奥军跟踪追击。

与此同时，拿破仑又指挥刚刚结束长途行军的奥塞罗军和马塞纳军，以强行军的速度向东疾进，迂回猛击奥军左翼后，并切断其交通线。这一突然的行动，打乱了奥军的部署，使奥军损失1.3万人，法军则由被动转为主动，很惊险地赢得了对奥战争的第一个胜利。

在之后的阿斯珀恩—埃斯灵之战中，拿破仑一度遭遇失败。当时，法军担任主攻的拉纳元帅和许多将军阵亡，损失近3万人，法军不得不实行撤退，并暂时转入防御。

但拿破仑并未气馁，而是经过积极准备和慎重计划，在7月4日一夜之间，利用大雨作掩护，指挥15万法军渡过欧洲最大河流之一的多瑙河，并立即按照预定计划实施向左迂回运动，并于7月6日的瓦格拉姆之战中转败为胜，打败了奥军。

绝不做敌人希望你做的事

拿破仑在战争中非常重视出奇制胜，他说："绝不做敌人希望你做的事——这是一条无可怀疑的战争格言。理由很简单，因为敌人希望你做。所以应当避免进入业经敌军搜索和研究过的作战场地，同时更须注意，不要进入敌人筑有防御工事的地区。根据这条原则，又可得一推论：对于一个可以迂回攻取的阵地，决不要从正面去攻击。"

对此，恩格斯曾评述说："直接插到正在集中的敌军之间，是拿破仑善于巧妙使用的、现代战争中最出色的有效战法之一。”当一个攻击点遭到难以克服的困难时，“他善于寻找其他出路，出敌不意地将自己的军队调往新的攻击目标，依靠出色的成功的机动，甚至使暂时的失败也成为有助于取得最后胜利的行动”。

在如何出奇制胜的问题上，拿破仑的做法是：

一是出其不意，攻其不备。他在关于围攻土伦的回忆录中指明：“为了击破敌人，必须出其不意，攻其不备。”

如在1800年的第二次意大利战争中，拿破仑没有重复其1796年进军意大利时的南线道路，而是选取了一条距离最短、很难行军的路线，即绕道瑞士，翻越阿尔卑斯山上号称“天险”的大、小圣伯纳德山口，实践其所谓“任何小径只要山羊能走过，就可以用来迂回敌军”的名言。

这一招完全出乎奥军统帅梅拉斯的意料，因此，尽管法军在行军过程中遇到了地形、道路和气候方面的严重困难，但没有遭到多少抵抗就进入了意大利。

当拿破仑出其不意地攻占米兰后，梅拉斯还仍把大批兵力分散在亚历山大里亚西南地区，企图以此向法国本土实施进攻。而等到梅拉斯集中兵力准备决战时，拿破仑已经夺取了奥军的许多后方补给基地和医院，切断了奥军的退路，进而为远征作战创造了极为有利的条件。

在1805年的对奥战争中，拿破仑也没有重复1796年经由波河河谷进军维也纳的老路，而是从多瑙河直取维也纳，收到避实就虚、出敌不意的战略奇袭效果。

当时，由于奥地利未能料到拿破仑的这一奇招，竟以名将卡尔大公率9.5万兵力防守波河河谷，却让年仅24岁缺乏军事素养的斐迪南大公仅率约6万人防守多瑙河河谷。

因此，当拿破仑以迅雷不及掩耳之势攻克乌尔姆和抢占维也纳时，卡尔大公统率的奥军主力还远在意大利，根本来不及回师救援，结果导致了俄、奥联军在奥斯特利茨的惨败。

1809 年雷根斯堡之战时，法军一度受到当面奥军优势兵力的压迫，处境甚危。拿破仑以精兵强行军向东疾进，迂回攻击奥军主力左侧后，并切断其交通线。这一突然行动，打乱了奥军部署，法军由被动转为主动，击败奥军，并直趋奥地利首都维也纳。此次法军虽不是经由险道迂回，但也是一次成功的迂回攻击。

此外，1806 年耶拿之战时，法军迂回普军左翼侧，相机进击柏林。1814 年莱比锡之战中，法军企图对联军总司令施瓦岑贝格实施大迂回，尽管未达目的，但都足以说明，拿破仑注意进行战役或战术性迂回，突袭敌军。

二是多方误敌，乘虚攻击。为出奇制胜，拿破仑还采取多种措施，有计划地造成敌人的错觉，调动敌军，然后加以攻击。

为此，拿破仑有时先从两侧发起攻击，迫使敌军分兵，使中央空虚，再乘机以快捷的攻击从中央突破；有时在某地故作大举进攻的姿态，迷惑调动敌军，然后在另一地突然发起攻击，使敌人措手不及；有时多次进行佯攻，以麻痹敌人，掩护真正的进攻行动；有时还以外交手段造成敌军的错觉，然后出其不意地攻击。

如 1796 年，法军迫使萨丁尼亚与之签订和约，并故意写明法军在瓦兰察附近有渡过波河的自由，诱使奥军在该方向集中兵力设防。而法军主力则乘机在其以东地区顺利渡河，以突然行动直捣奥军后方要地。

在意大利战争中，拿破仑曾在作战过程中派出部分法军窜到奥军后方，突然吹起冲锋号，扰乱奥军秩序，制造混乱，配合正面进攻，致使奥军失败；或利用大雪纷飞之夜，乘着奥军熟睡之机，突然发起攻击，迫使敌人措手不及而遭受失败；或事先派特遣分队潜入敌军侧后，等战斗开始后突然出现，震吓敌人，打乱敌军阵势；或采用多种佯攻手段，以麻痹敌人，掩护自己真正的进攻地段及时间等。

在 1805 年的奥斯特利茨之战中，拿破仑故意放弃要点普拉岑高地，主动提出休战、议和，使俄、奥联军错误地判断法军要撤退，进而分兵攻击法军右翼。法军则利用敌军的错误，向其中央发起猛攻，遂大破俄军。

三是用敌失策，迅即打击。在作战过程中，拿破仑以其敏锐的洞察力，善于发现和利用敌人的失策，并能以闪电般的速度给敌人以毁灭性的打击。

在奥斯特利茨之战中，拿破仑引诱敌军进攻其坚强防御的阵地，而当他发现敌人进攻中犯了放弃中央高地的严重错误时，立即抓住稍纵即逝的极好机会，迅速调动兵力把敌军切成两段，然后集中优势兵力围歼陷入困境的敌军。

在弗里德兰之战中，拿破仑从指挥所发现敌军大部拥挤在狭窄的河谷中，而其后只有一座桥梁，便迅即命令预备队以 36 门大炮，向敌方易受攻击的阵地猛轰，造成敌军的极大恐慌和混乱，同时命令内伊的部队从右翼，拉纳的部队从正面发动强大攻击，击溃了俄、奥联军。

任何出色的战争都讲求方法

拿破仑在评述龙尼阿的著作时曾指出：“任何出色的战争

都是讲求方法的战争。”这也可作为拿破仑作战指挥善于因敌因情而变的一个写照。

拿破仑既认为战争指导应遵照兵法上的定律和法则，有些作战原则是任何人都不能违背的，同时又意识到，在军事学术上不能用旧的方法去达到新成果，因此，在作战指导上，不能墨守成规，不能拘泥于原来的设想，不能束缚于军事上的条条框框，而应灵活机动，善于因情而异，因敌而变。

他说：“打仗的事，各人有各人的打法。……打仗如同治理国家一样，是一件机智的事。”

又说：“在应用伟大原则时，我们仅仅着眼于那些实际的和切实可行的东西。在这里我们不是进行抽象的哲学思维。”

还说：“作战计划应考虑到敌人每一可能的行动，而制定必要的应付策略。作战计划可因环境、将领才能、军队种类和素质以及战场地形而随时加以修改。”

由于拿破仑在作战中善于灵活机动，随机应变，致使其敌人往往无所适从。

一个被俘的老军官曾感叹说：“跟我们交战的是一位年轻的将军，他总是时而在我们前面，时而在我们后面，时而又在我们两侧，而我们根本无法理解。什么时候我们都不知道应该怎样配置我们的兵力才好。在战争中这种作战方法是受不了的，它违反一切常规。”

当时，欧洲各国盛行线式战术。军队的战斗队形主要是横队，作战时要求全队同时推进，动作整齐一致，不顾敌人的火力威胁，像机械一样完全听命令行动。因此，对战斗队形各部分的组成、行列和间隔距离，战斗中队形的变换、步法、步幅和行进速度，使用武器的动作，以及其他一切行动等，都有严格的规定。

18 世纪中叶，普鲁士弗里德里希二世的军队即以严格的纪律和机械一样的行动而闻名欧洲。这种战斗队形通常以经过严格军事训练但并不可靠的雇佣兵为基础。

对此，克劳塞维茨曾批评说："后来，战术也企图按照军队的特性为军队的一般部署制定机械的规定。当然，这已涉及战场上的活动，但仍然没有涉及自由的智力活动，只涉及通过编成战斗队形而成为一部自动机器、命令一下就像钟表那样行动的军队。"而事实上，"企图为军事艺术建立一套死板的理论，好像搭起脚手架那样来保证指挥官到处都有依据，这是根本不可能的"。

显然，上述那种反映封建制度的呆板的、不灵活的、行动缓慢的队形，基本上把士兵当作机器，作战时全体步兵排成三线，形成一个非常狭长而中空的四边形，并且只能在平坦的地形上整齐前进，战斗中不能视情况灵活变换。

拿破仑认为，士兵不是可以随意摆动的机器，士兵是有理智的生命，必须给以指挥。因此，他放弃了普鲁士式的线式队形，创立了适应大规模武装活动的新的作战队形。这种作战队形既适应各种作战情况，也适应基本训练较差但作战勇敢、主动性很强的法国士兵。这种队形灵活机动，适用迂回包围、集中优势兵力、各个歼灭敌人的战术。

1806 年的耶拿之战，是拿破仑采用新的战斗队形战胜旧的战斗队形的一个生动的实例。当时普军仍采用传统的线式队形，作战时要求全队排成方方正正的阵形同时推进，呆板地进行作战。

而拿破仑则采用了使散兵和纵队相结合的新的战斗队形，

部队可以根据任务和地形，或以线式及纵队进攻，或以方形击退骑兵，或展开具有一定纵深配置的队形。它既便于在开阔的平地上作战，也有利于在起伏地、森林地和居民地进行协同作战，大大提高了部队作战的灵活性、弹性和连续突击的能力，导致普鲁士 15 万军队在几天之内就几乎全部被歼。

对此，恩格斯曾高度评价说："由拿破仑发展到最完善地步的新的作战方法，比旧的方法优越得多，以致在耶拿会战以后，旧的方法遭到无可挽回的彻底的破产。"

又如，在 1809 年的阿斯珀恩之战中，法军曾与奥军在多瑙河左岸的阿斯珀恩和埃斯灵附近发生激战，法军进攻受挫，处于背水为阵的状态。

拿破仑在情况不详的形势下，贸然决定渡河与奥军决战。5 月 17 日，法军夺占河中央的洛包岛。21 日，法军先头部队两个军约 3 万人强渡多瑙河，并在左岸抢占阿斯珀恩和埃斯灵两村庄。

奥军卡尔大公决定趁法军立足未稳之际予以打击，于 21 日 14 时以约 8 万人、火炮 300 门的优势兵力，首先攻击阿斯珀恩的法军。

拿破仑鉴于法军即使退却，也会因渡河不便而难以摆脱危急的境况，于是断然下令攻击，双方争夺更趋激烈，阿斯珀恩先后易手七次之多。法军左翼受到奥军迂回部队的威胁，中央被迫退向桥头。法军右翼埃斯灵的战斗也非常激烈，拉纳元帅率军英勇抵抗，虽未失守，但也被奥军包围。形势对法军非常不利。

拿破仑根据情况改变部署，适时转入防御，并连夜调集援兵，使左岸法军达 6 万余人。拿破仑令达武军也渡河投入战场，法军拟在阿斯珀恩猛攻奥军。

但法军部署未完，双方又发生激战。5 月 22 日 2 时许，奥军再次猛攻阿斯珀恩和埃斯灵的法军。双方短兵相接，用刺刀冲杀，两地处于反复争夺之中。但在中央的奥军未作攻击。

22 日 7 时，拿破仑观察战场情况，并闻达武军团开始渡河，遂伺机利用奥军的失误，决定依靠强大的援兵摆脱守势，并实行预定的中央攻击方案，对奥军中央实施歼灭性攻击。

拿破仑命拉纳军团集中兵力实施中央突破。拉纳率 2 万步兵、200 门火炮，以及庞大的骑兵纵队，直扑奥军中央的薄弱处。拉纳所部攻势凶猛，步兵随炮火速进，致使奥军的中央薄弱处被突破，一度形成一个很大的缺口。

马克思和恩格斯对此曾评价说："当拿破仑认识到他已经开始的行动不合理时（例如在阿斯珀恩），他便不坚持这一行动，而善于寻找其他出路，出敌不意地将自己的军队调入新的攻击目标，依靠出色的成功的机动，甚至使暂时的失败也成为有助于取得最后胜利的行动。"

抓住有利战机制胜

拿破仑曾一再教导他的将军们要时刻牢记抢夺战机的重要性，他常说："战争中充满着奇袭的偶然机会；一个将领固然应该遵照一般原则进行作战，但切不可放过奇袭制胜的机会。"

他还说："计划决战之时，应该尽量使自己掌握所有取胜的机会，如果对手是一位杰出的将领，那就尤其应该如此，因为一旦战败，不论身处何地，纵然还有大量的补给品，而且离设防阵地也不远，战败者总是倒霉的。"

他还强调指出：“在战争中，有利的时机仅有一个，唯有具备天才的人才能把它抓住。”

拿破仑深知抢夺和利用战机的特殊意义，并力求将抢夺和利用战机贯穿在其每一次作战中。他坚信，只有切实把握战机，才能真正打败敌人。正因如此，拿破仑在指挥作战时，常常亲临战场的要害地点，并总是在决定胜负的关键时刻奔向战斗的最前线。并且，他常常能够在战场上神出鬼没，在敌人料想不到的时间和地点组织突然的进攻或反击，致使其对手因措手不及而遭受失败。

以拿破仑迫使曼图亚要塞投降的作战为例。1797 年 1 月中旬，奥军阿尔温奇元帅再次率军南下，企图第四次为曼图亚要塞解围。阿尔温奇掌握的机动兵力为 7 万余人，分三路攻击法军。其中，普罗维拉军 2 万余人，部署在曼图亚之东的帕多瓦附近；巴雅利军约 1 万人，部署在曼图亚东北的巴萨诺附近；阿尔温奇亲率主力 4.5 万人在托里安附近南进。

当时，拿破仑正在波河南面的波伦亚地区部署法军，以防范罗马教皇的军队从南面接应曼图亚守军突围。

1 月 12 日，奥军向法军发起进攻。13 日，奥军以优势兵力打退北上的法军。在阿迪杰河上游的里沃利地区，奥军 4 万余人紧紧追逼逐步后退的法军，但由于分成五个纵队实施多路攻击，行动不够协调，以致进到里沃利高地附近速度被迫减慢。

当拿破仑在波伦亚获悉奥军进攻的消息后，随即兼程北上，于 13 日下午赶到维罗纳，但对前线的作战形势毫无所知。

入夜时分，拿破仑先后收到两条确切情报，并由此判断，奥军的主攻方向将是里沃利。于是，他不顾当面有与己对峙的奥军部队，命令身边唯一能够调动的马塞纳师连夜出发，利用天气不良的条件，疾速驰援里沃利战场。他自己则在 14 日深夜 2 点先于援军赶到里沃利高地。

此时，法军只有刚撤下来的茹贝尔师 1 万余人，以及将赶到的马塞纳师，加在一起也仅 2 万余人。但拿破仑很快发现奥军多路开进、兵力分散的弱点，于是迅即下达命令，督促刚撤下来的部队重新返转，尽快占领刚放弃的蒙特—曼尼昂山地域，进占圣马尔科小教堂，据守有利地形，以便居高临下等待奥军来攻。显然，拿破仑在关键时刻抢占了先机，为随后的激战创造了获胜的条件。

14 日清晨，奥军倚仗兵力的优势，接二连三地对里沃利高地的法军发起强攻。法军则凭借有利地形进行顽强抗击。

临近中午，法军左翼阵地被奥军打开缺口，恰好马塞纳师几千援军赶到，拿破仑把握战机，亲率援军进行反抗，经半小时激战，把楔入阵地的奥军打退。之后，法军借反击获胜的威势，连续击退和歼灭了不断强攻的奥军，取得了里沃利之战的胜利。

在此次以少胜多的战斗中，拿破仑善于把握战机对其获胜起了举足轻重的作用。也就是说，正是他预先调动刚撤退下来的法军部队，果断抢占有利地形，待机发起反击，才使得行动迟缓、逐次投入战斗的奥军被各个击破，丧失了原本有条件取胜的机会。

然而，正当拿破仑于 1 月 14 日挡住并打退奥军主力进攻之时，在阿迪杰河中下游负责策应的奥军却得以顺利推进。其中，由沙博将军指挥的一支奥军乘虚攻占了维罗纳城，从而直接威胁着在里沃利的法军的后方。由普罗维拉将军率领的另一支奥军则横渡阿迪杰河，向曼图亚要塞靠拢。而普罗维拉的部队极有可能冲破法军的包围圈，把困守在曼图亚要塞中的奥军解救出来。这就使得拿破仑虽获得了里沃利之战的胜利，却未能阻止曼图亚要塞围城局势的恶化。

值此紧要关头，拿破仑又获得了来自南线的紧急报告：普罗维拉率领的奥军已在洛尼亚戈附近架桥渡河了。拿破仑意识到问题的严重性，于是又当机立断，迅速向马塞纳和茹贝尔两位师长布置了如何追击阿尔温奇所率奥军的任务，自己则亲率四个团回师南下，急返曼图亚要塞，以应付可能发生的危局。

当拿破仑还在行军途中时，普罗维拉已率领奥军进至可与曼图亚隔水相望的圣若尔日，被据守此地的法军2000余人顽强抵抗后暂时受阻。但普罗维拉通过水路同曼图亚要塞中的武尔姆泽尔取得了联系，相约次日内外夹击围攻要塞的法军。

1月15日夜间，拿破仑以强行军抵达曼图亚要塞北方三公里处的拉法沃里塔，又一次以神速的行军夺得了可贵的战机。他立即进行作战部署，命令塞律里埃师和维克托师迅速集结兵力，于16日凌晨1点前作好战斗准备，分别阻击武尔姆泽尔和普罗维拉的军队。

16日上午，法奥两军进行了激烈的拉法沃里塔之战。武尔姆泽尔元帅指挥的曼图亚要塞守军只能眼巴巴地期盼与其相隔不远的普罗维拉部尽快到来解围，而奥军普罗维拉部则自顾不暇，处于法军主力和奥塞罗部的夹击中，进退维谷，遂全部投降。原已遥相观望的两支奥军不仅没有达到会师和解围的目的，而且各自都遭受了重大损失。此役，奥军伤亡6000人，被俘2.5万人。

拿破仑这两次战役的胜利，导致了奥军第四次解围曼图亚的失败。1797年2月2日，孤军困守曼图亚的1.8万奥军待援无望，粮食将罄，在其老元帅武尔姆泽尔的带领下向年轻的统帅拿破仑投降，从而使拿破仑远征意大利的战争取得了决定性胜利，而其中拿破仑每每在作战的关键时刻善于抢夺有利战机无疑起了极为重要的作用。

运用兵不厌诈的谋略

拿破仑在作战指挥中，善于运用兵不厌诈这一兵家惯用的谋略。他经常根据战争的需要有意制造虚假信息，以假掩真，以真示假，掩饰真实意图，造成敌军错觉，从而达到出其不意歼敌之目的。

譬如，1800 年，拿破仑在率法军翻越阿尔卑斯山进入北意大利之前，曾通过制造假象扰乱敌人视听，得以顺利通过大圣伯纳德山口。

当时，面对意大利西北部皮埃蒙特境内的 10 万奥军，如何争取胜利，是拿破仑颇费思量的一个问题。在他看来，如果继续延用 1796 年的老办法将是行不通的。必须根据已经变化的情况，另辟蹊径，以一次决定性的会战，歼灭奥地利军队的主力，一决高下。

为此，拿破仑设想，首先，应组建一个具有强大战斗力的军团，并在该军团采取行动前有效隐蔽其企图及活动。其次，应使该军团的作战行动能达成战略上的突然性。而要达成这种突然性，唯一的办法就是放弃传统的进军路线，设法从北面的瑞士境内翻越阿尔卑斯山，直接迂回到驻意大利的奥军的后方。

为达此目的，拿破仑于同年 1 月 25 日给法军陆军部部长贝蒂埃下了一道命令："我想组成一个预备军团，由第一执政亲自指挥。它应分为三个军，每个军又分两个师。"

6星期后，拿破仑又进一步指示贝蒂埃说："成立一个预备军团，共6万人。由第一执政直接指挥。该军团将以第戎为集中地，你最好能尽快把这件事情做好。"

3月初，预备军团在法国东部城市第戎组成。拿破仑估计此事已无法继续保密，于是决定将组建预备军团的事实公之于众，并将其实力有意暴露出来，借此引起人们的猜测，诱使敌人作出错误的判断。

同年4月，经周密部署后，拿破仑亲自出面，煞有介事地作了一番表演。他在巴黎正式宣布，已经组成一个预备军团，其部队将在第戎集结，他决定亲自去那里检阅。

为使人们深信不疑，拿破仑又采取了其他一些欺骗手段，如自己给参议院和立法院写信，在政府通报上刊载消息，通过报刊发布告等，借以大肆渲染预备军团的存在及其要采取的活动。

其结果，使得大批的外国间谍闻讯从欧洲各地赶到了第戎。然而，这些间谍很快就失望了。因为他们在勃艮第的首府里，根本就没发现真正像样子的正规部队，只有若干招募来的新兵。此外，便是一些徒具虚名的所谓司令部和下属机关，并且大都是一些老弱残兵，他们服装不整、装备不齐，毫无战斗力可言。他们还看到，拿破仑亲自检阅的这支预备军团只有6000多人，且大部分都没有穿军服。

这些情报很快便传到了伦敦、维也纳和意大利。人们普遍认为，法军的预备军团并不存在，拿破仑跟大家开了一个莫大的玩笑。

在欧洲各地还出现了五花八门的讽刺画，其中一幅画着一个12岁的孩子和一个装着假肢的残废军人，旁边写着："拿破仑的预备军团!"同时，许多手抄的传单也相继出现并广泛流传开来。

其实，不少传单和漫画都是由法国谍报机关精心制造的，有的传单还有意"透露"了有关拿破仑个人的一些不光彩的传闻。

奥地利将军梅拉斯也由此得出结论说，法军实际上没有什么预备队，只是妄图用一支七八千人的新兵和残废军人来迷惑我们，迫使我们解除对热那亚的包围，诱骗我们扔掉真正的捕获物而追捕影子。

然而，正当联军司令部因此事而兴致勃勃地嘲笑拿破仑的时候，在法国东南部，一支真正的预备军正秘密而迅速地集结在瑞士边境，它犹如蹲伏的老虎，随时准备扑向奥军背后作致命一击。

5月13日，拿破仑从法国第戎到达瑞士洛桑，检阅了真正的预备队的前卫部队。这支部队由拉纳将军指挥，包括六个精锐团，装备及后勤供应充足。

5月14日，拉纳的前卫部队到达海拔1600多米的圣皮耶尔村，这是阿尔卑斯山隘道下的最后一个村落。当时只有一条崎岖的骡马小道，步兵和骑兵排成单行尚可勉强通过，弹药只能用骡马驮行，但大炮却无法上山。当地居民帮法军想了一个办法：将松树锯开分成两半，然后截成约1.5米长，把中间挖空，再把炮管取下放进挖空的树中心绑好，由60个人牵引系在炮尾上的绳索拖着它前进。到达目的地后，再重新复原，即可投入战斗。

就这样，法军的这支真正的预备队忍着雪山的严寒，冒着坠入深渊的危险，迎着暴风雪的袭击，克服了雪地宿营和搬运的重重困难，终于翻越了阿尔卑斯山天险，突然出现在奥军的后方。拿破仑本人则于 5 月 20 日清晨越过大圣伯纳德隘道。

由于拿破仑的战略保密工作极其成功，直到 5 月 21 日，梅拉斯还被蒙在鼓里。当他听说法军越过阿尔卑斯山的消息后，仍然认为只不过是小股的增援部队，准备先将其歼灭之。而当得知其当面的法军约有 4 万多人，并且统率这支法军的竟是拿破仑时，这位颇为自负的奥军统帅吓得心惊胆裂。他急令奥军全部调回，杀向曼图亚，与拿破仑交战。

而拿破仑则直扑梅拉斯军队，将奥军赶出伦巴第。之后，又连克米兰、帕维亚等地，6 月经马伦戈之战，击败了梅拉斯率领的奥军主力。

又如，1805 年 8 月，拿破仑在布洛涅集结 13 万人和 3000 艘登陆艇，准备登陆英国。然而，英国纳尔逊舰队牢牢掌握制海权，使英吉利海峡成为不可逾越的天险。并且，英国还通过大力开展外交活动，组成了包括俄、奥、瑞典、丹麦等国参加的第三次反法联盟。

与此同时，奥军分兵两路，主力进攻意大利，另一路沿多瑙河进攻法国的盟国巴伐利亚。俄军也采取行动准备与奥军会合。

这就迫使拿破仑放弃渡海攻英计划，赶在俄、奥军会合之前先击败奥军。这不仅需要果敢的决策和周密的筹划，更需要设法隐蔽真实意图，尤其是掩饰大量军队的调动，进行一次战略奇袭。为此，拿破仑又一次运用了兵不厌诈的谋略。

8 月中旬，拿破仑先用外交手段大造声势，虚虚实实，使奥军捉摸不透。拿破仑指示外交大臣不断给奥地利方面发照会，传“信息”，有时将照会写得“娓娓动听，入情入理”；有时又进行威逼恫吓，声称奥地利如果不宣布解除武装，他将率领20万大军“登门访问”，等等。他还通过各种途径故意作出某种暗示，似乎他并不想与奥地利再次作战。

拿破仑还不断派出谍报人员在国外散布各种麻痹奥军的消息，或传说拿破仑对英国发动致命打击的时刻将很快到来，或传言法国内部不稳定，反对拿破仑的势力正在酝酿革命。一时间，欧洲的一些大城市各种传闻纷至沓来。

并且，在法国政府的各种报纸及相关通报上，有关拿破仑活动的消息天天出现，拿破仑本人也在公开场合频频露面。

这些迹象似乎都表明，拿破仑正忙于各种社会事务，没有多余的精力去组织军事行动。

然而事实上，拿破仑仅在一个月左右的时间里，就已完成了兵力的调动和集中，自己也于9月下旬走上了战场。而奥军对此却丝毫没有察觉。在随后的对奥战争中，拿破仑又用一张假报纸欺骗奥军得以取胜。

当时，奥军统帅卡尔大公率主力9.5万人南下意大利，企图攻击法军意大利军团；斐迪南大公率部约6万人攻击法国的盟国巴伐利亚，待俄军到达后攻入法国本土。该军团的统帅虽然名义上是斐迪南大公，但由于其年轻，根本不懂军事，因而奥军统帅部特选派老将军麦克元帅当他的参谋长，实际上担负指挥职务。

9月中旬，麦克率奥军进抵巴伐利亚，将大本营安扎在乌尔姆城。由于之前受到法国舆论宣传的影响，麦克认为，拿破仑正在巴黎忙于政务，并未打算来多瑙河地区作战，而远在西海岸的法军短时间内也绝不会调到法国东部来，因而其防区在当时情况下不会受到法军攻击。因此，他不大关心具体的备战事宜，只在大本营里按部就班地拟订作战计划。

然而，就在麦克对拿破仑丧失警惕之时，法军经过 600 至 800 公里的隐蔽行军，已从大西洋沿岸迅速开到了莱茵河西岸地区，经临战准备后，于 10 月 6 日正式向奥军发动进攻，开始渡过多瑙河，很快抢占了重要城镇和地区，并长驱东进和南下，不断击退奥军前线守卫部队。

战报送到斐迪南大本营，由于麦克将军已陷入拿破仑设置的骗局而不能自拔，仍对此不很介意，并认为，拿破仑肯定还在巴黎，不可能赶到前线来亲自指挥对奥军的战斗，至于拿破仑手下的元帅们自己则是完全可以对付的。

而拿破仑为了稳住麦克，将其驻扎在乌尔姆城的奥军主力 3 万余人一起歼灭，又进行了新的欺诈部署。

10 月 12 日、13 日，鉴于消息闭塞、军情隔断，麦克原本打算撤出乌尔姆城，寻找法军作战。但恰巧拿破仑派出的著名间谍舒尔迈斯特到了奥地利军营。舒尔迈斯特当即向麦克提供“情报”，说英军已在法国的布朗涅港登陆，法国国内爆发了反对拿破仑的革命，拿破仑正忙于处理国内事务，法军很快将撤退回国等，并建议麦克固守乌尔姆这一坚固要塞。

麦克虽未贸然轻信上述消息，但拿破仑却用一份假报纸使其对此深信不疑。为进一步欺骗麦克，拿破仑命令随军印刷所赶印了一期假报纸，上面刊登的所谓号外消息，绘声绘色地描述了巴黎爆发反对拿破仑的革命的情况，并巧妙地使这张报纸落入奥军手中。

当麦克看到报纸上的消息正好与舒尔迈斯特提供的情报互

为印证时，疑虑完全打消，轻信了巴黎发生动乱的假情报，并据此对法军的行动作了错误的判断。他误把法军在其后方向伊勒河推进看作法军企图夺路逃回阿尔萨斯，因而固守乌尔姆、梅明根一线，企图切断法军的“退路”，从而坐失突围良机。

然而，当法军隆隆的炮声响彻乌尔姆城，麦克发觉自己已被法军包围时，才如梦初醒，但为时已晚。

10 月 15 日，法军强夺了乌尔姆周围的高地，把奥军团团包围起来，困守在乌尔姆城的奥军陷入了绝境。

20 日，麦克在突围无望、走投无路的情况下，被迫率领 16 名将军、2 万多名步兵和 3000 多名骑兵向拿破仑缴械投降。拿破仑在一项特别通告中说：“二百门大炮、九十面军旗、所有的将军，都成了我们的战利品。这支军队只有一万五千人得救。”此次会战，法军仅以伤亡 1500 余人的代价歼敌 5 万余人。

其后不久，麦克被释放回国。奥地利政府以坐失战机、低能误国罪，将麦克交付军法审判。当军法官审问时，麦克竟说：“我全在梦中！”之后，麦克被“免官下狱”。

重视对敌人的了解和分析

为赢得作战的胜利，拿破仑在战争中特别重视对敌人的了解和分析。拿破仑曾告诫其元帅和将领们，凡是没有进行过实际的较量，绝不要以为敌人比自己愚蠢；对于敌人可能采取的措施，绝不要以为会比自己在同样条件下采取的措施要差。

因此，他反复强调，要想战胜敌人，必须首先分析敌人，重视敌人，并根据自己的分析作好三四手的准备，进行多种假设，并要大胆作出最坏的假设。

他指出："作战计划应考虑到敌人可能采取的每一个行动，并制定必要的应付措施。"

又说："一个司令官应当每日自问几回：'如果敌军在我前方或左方右方出现，我该如何处置?'如果他对自己的回答感到困惑，那么他的部署一定不妥，应该予以改正。"

在拿破仑看来，一位陆军将领永远不会知道敌方的确切情况，无法看清楚敌军和断定其具体位置。因为当两军对峙时，地形上的极小起伏，或很小的一片树林，都可隐蔽一部分军队。所以，就是最有作战经验的人，也无法确定究竟是已经目睹敌军的全部还是只看到其部分。

由此他提出："陆军将领要用思想来进行推理判断，要以一种灵感来观察、了解和判断事物。"

他还接着论述道："一位陆军将领从来就无法预知行将作战的战场。他的印象与观感，要靠灵感取得。他不会有肯定性的情报资料。求得敌军确切地点的各种现象，要靠机遇获得，无法从经验中得知。能够立即掌握住战地与该地域一般性质的关系，实在需要一种不平凡的本领。最后，还需要有一种叫作'军事慧眼'的天赋。"

在如何对待敌人的问题上，拿破仑总是力求预先做好三四手准备。实际上这是一种对于战争或会战的一种预见性。当然，这种预见性是深思熟虑的结果，而其前提则是承认敌人同样具有实力，并不比自己愚蠢。

拿破仑在组织作战时之所以常常处于主动地位，对面临的一切困难往往都能有所准备，而不致措手不及，恐怕与其重视敌人是分不开的，是与他习惯于动脑子、想办法、谋对策分不开的，是他勤于运用智慧的产物。

在认识敌人的过程中，拿破仑总是煞费苦心地想问题，绝不做思想上的懒汉。诚如他自己表白的那样，他的脑子总是在工作，吃饭的时候在工作，看戏的时候在工作，夜里醒来也在工作。

拿破仑在其整个军事活动中，特别是在战斗紧张的关键时刻，通常都保持着充沛的精力，表现出不辞劳苦、不畏艰险的顽强毅力。这固然与好的体质有关，但更主要的恐怕还在于其专心致力于自己事业的坚强意志及其明确的奋斗目标。

长期追随拿破仑左右的考兰科特在谈及拿破仑善于集中精力、全面思考的特点时曾评述说：“他为了达到目的，不怕任何痛苦，不考虑任何困难。而且这个原则是：事无巨细都可以适用。对于眼前的行动和谈论，他都总是用其全部的能力、资本和注意力。对于所有一切东西，他都是把热情放在里面。所以，这也是他比对手所占有的巨大优势，因为很少有人能在一个时间之内，把全部精力都完全集中在一个思想或一个行动上面。”

另外，由于战争中敌对双方为战胜对方，往往互相保密，互相欺诈，极力掩盖真相，迷惑对方，因而增加了掌握敌人真实情况的复杂性。对此，拿破仑提出，必须善于通过分析敌情以辨其真伪。

他说：“从俘虏口中获得的资料，应当审慎估计。一个士兵所知的情况，很难超出本连以外。一位军官所述的材料，至多只能反映其所属师的阵地与动向。所以，担任指挥职务的将领，不应该轻信俘虏的口供，要使自己对于敌军阵地位置的推断正确，必须用己方前卫的报告加以对证。”

拿破仑还强调：“一个统帅最主要的条件是冷静的头脑，

要能接受各种事物的正确印象，决不为好消息或坏消息所迷惑。在每一天的过程中，统帅将会先后或同时对各种事物取得印象。他应该对这些印象区别轻重予以分类和记忆，进行公正的分析比较，然后作出正确合理的判断。”并批评说：“有一些人由于其生理上和精神上的特殊，往往只注意某些细节便主观地拟构全图，使事物蒙上幻想的色彩。这种人无论具有多好的常识、才能、勇气，以及其他良好品质，却终究不适于统率军队，更不能指挥大军作战。”

利用敌方矛盾诱其失误

拿破仑在战争指导中，善于利用敌军内部的矛盾，进行挑拨离间，借以形成有利于己的作战条件。他在奥斯特利茨之战中，就曾成功地运用了这种手段。

1805 年 11 月，在法军攻陷乌尔姆、抢占维也纳后，惊慌失措的奥皇弗兰茨二世边率人仓皇逃亡，边派出和谈代表向拿破仑求和。

在当时的形势下，拿破仑的目的是首先打败俄军，然后再考虑同奥地利议和问题。因此，拿破仑拒绝了奥皇的议和要求，并让其外交大臣塔列朗与奥皇的和谈代表到维也纳去慢慢谈判，以此故意拖延时间。

奥皇弗兰茨二世得不到拿破仑的议和回复，只好随同撤退的奥军逃至俄、奥联军的驻扎地奥尔穆茨，同先行一步到达该地的俄皇亚历山大一世会晤。双方决定，俄、奥联手合兵一处，并拉拢表面中立的普鲁士，以共同对付拿破仑。

此前，俄皇亚历山大一世在柏林同普鲁士国王威廉三世进行了谈判，虽未能说服普鲁士立即宣布参战，但已争取原先保持中立的普鲁士准备加入反法联盟。并且，普军已开始调集兵力向奥地利边境开进，这将直接危及法军侧背和后方。

拿破仑对俄皇亚历山大一世在柏林的活动一直予以密切关注，并通过其派出的谍报人员对普鲁士国王态度的转变有所了解。但对普王威廉三世并未答应立即出兵给俄、奥联军助阵等重要情况却并不清楚。

其实，俄皇亚历山大一世与普王威廉三世谈判的结果，只是说服普鲁士先同俄国和奥地利签订了《波茨坦条约》。根据该条约，普鲁士承担以武力为后盾的义务。其中包括，普鲁士先出面调停，即向拿破仑发出最后通牒，限定法军于一个月内撤出奥地利国境，退回法国，日期限定在 12 月 15 日。如果调停失败，拿破仑不肯撤军，普鲁士就对法国宣战，参加第三次反法联盟，并立即从西部发起对法军的进攻。

俄皇亚历山大一世当时估计，拿破仑肯定不会同意撤军，因而普鲁士也肯定会参战。

俄皇还认为，法军劳师远征，连续行军作战，将士疲劳不堪，兵力大大分散，已是强弩之末，不会有强大的战斗力。而俄、奥联军在兵力上占有相当大的优势，尤其是俄军的顽强精神和战斗力历来都比法军强，加上新到的 2.7 万近卫军，足以挫败眼前的法军。

当时，俄皇年轻气盛，踌躇满志，一副自命不凡、不可一世的架势。而奥皇自战败出逃以来始终余悸未消，只能点头附和亚历山大一世的意见。

但在讨论决战的时机时，俄、奥联军内部发生激烈的争论，出现了两种截然不同的意见：

一种意见主张拖延决战。以联军总司令、俄军老将库图佐夫为代表认为，法军的实力仍很雄厚，拿破仑的作战指挥才能不可低估。联军尽管占有相当优势，但如果仓促进行决战，并无必胜的把握。应该继续向东撤退，等待战机，拖延战局，使普鲁士军队最后决定参战，然后以压倒优势向法军发动最猛烈的进攻。

另一种意见主张尽早决战。以亚历山大一世和联军参谋长、奥地利将军魏洛特尔为代表认为，法军长驱直入，实施远距离追击，已到疲惫不堪的程度；法军深入敌境，一路分兵把守，当时能集中到正面战场的作战部队最多不过五六万人，而且拿破仑肯定会得知普鲁士军队即将参战的消息，显然会进退维谷。在这种形势下，联军仍东躲西藏，或按兵不动不与法军接触，就是向拿破仑示弱，有失俄、奥两个欧洲强国的体面。他们还担心，如果拿破仑迫于形势而主动逃跑，更是坐失良机，因此极力主张立即寻求与法军决战。

上述两种意见针锋相对，库图佐夫等老将军久经沙场，经验丰富，老谋深算，深得士兵们的信赖，其拖延决战的意见难以轻易否定。而俄皇又有着巨大的权力，并获得许多年轻的俄、奥将军的积极拥护，尤其是主张立即作战的理由也有事实根据。由于双方各持己见，一时难以作出决定。

当拿破仑通过谍报手段获得联军司令部暂时作不出待机还是速战决策的消息后，决定制造假情报使俄军相信，此时正是最容易粉碎法国军队的时候，以促使亚历山大一世的速战方案及早付诸实施，引诱联军在普军参战前及早进行决战。

为促使俄、奥联军尽快作出决战的选择，拿破仑迅即采取了三项措施：

一是制造假象。拿破仑指示占领防御阵地的法军在某些地段的前沿阵地实施后撤，故意作出逐步收缩、打算退后的举动。为吸引联军的注意，拿破仑还特意指示在一些险要地段，如在最显眼的普拉岑高地停止构筑工事，以诱使联军误以为法军正停止作战准备。

二是散布谣言。拿破仑派出一些谍报人员混入敌占区，到处散布法军粮秣补给困难的“消息”，“透露”法军可能撤向维也纳的讯息。同时，还四处张扬法军没有在北方过冬的被服，不可能在摩拉维亚境内久留，等等。

三是故意示弱。拿破仑特意派遣自己的侍卫长萨瓦里作特使，打着要求休战的旗号前往奥尔穆茨，向俄皇亚历山大一世递交国书。为了迷惑俄皇，拿破仑指示萨瓦里，要求单独谒见俄皇，亲手递交国书，当面转达进行停战谈判的建议；在晋见时必须言辞恭顺，请俄皇同意与拿破仑进行一次单独会晤；如果俄皇不同意，就恳求他派一位全权代表到法国进行商谈。同时，应借此尽可能窥探敌军虚实。

拿破仑的上述举动不仅在俄、奥联军大本营中引起进一步的争吵，而且促使联军中主张速战的意见占了上风。俄皇亚历山大一世胸有成竹地分析了当时的形势，认为，各种情报证明，法军确实不敢在摩拉维亚长驻久留，退向维也纳的迹象已很明显。根据拿破仑的一贯作风，不到万不得已时绝不会建议停战谈判，更不会低三下四俯就于人。而以联军的现有的兵力和士气，完全有把握打败孤军深入的法军。

于是，亚历山大一世决定，拒绝法国皇帝进行单独会晤的要求，但作为外交上的对等交往，派遣自己的侍卫长道戈路柯夫公爵进行回访，并交代这位心腹使臣，谈判纯粹是象征性的，主要任务在于观察法军的动静，特别是注意观察拿破仑的情绪和心态，谈判中不能提出任何拿破仑可能接受的条件。

拿破仑对俄国特使道戈路柯夫公爵的到来非常高兴，并准备借此将计就计再演一出戏。

拿破仑此前了解到，这位身份很高的贵族虽以能言善辩博得俄皇的常识，但对军事问题一窍不通，只会纸上谈兵，而且还刚愎自用，盛气凌人。在作战决策上，他和俄皇一样主张立即同法军决战。

据此，拿破仑先让萨瓦里通告道戈路柯夫公爵，说法国皇帝军务繁忙，不能马上会见，请他好好休息。同时，又故意让这位俄国特使看到，法军大本营似乎非常忙乱，进进出出的将领们大都精神不振。

然后，拿破仑又高规格地接见了道戈路柯夫。拿破仑虽态度谦和，不卑不亢，但又故意显露出神态疲惫之状，似乎精力不够，心事重重。

接着，双方进行了讨价还价的谈判。道戈路柯夫遵照俄皇的指示，提出了使拿破仑无法接受的停战条件。拿破仑虽耐心听完对方的发言，却又摆出大国皇帝的架子表示不能丢失尊严。而对俄国使者提出的条件，又故意吞吞吐吐含糊其辞，但却巧妙地否定了其中的主要要求。

比如，拿破仑提出，不能放弃对意大利的占领，也不能交出其他一些领地，但有些问题还可再作商量。至于眼下的军事行动，建议法、俄双方都不要相互进攻。

谈判毫无结果，起到了麻痹俄国使臣的目的。自以为是的道戈路柯夫通过拿破仑的言谈举止得出一个结论：拿破仑目前的确是困难重重，已信心不足，“拿破仑胆怯了”。而这一点，恰恰是拿破仑所要达到的目的和要向俄皇传达的假信息。

道戈路柯夫暗自兴奋地带着从法国军营获得的种种假信息，连同自己对这些假信息的判断推理，一股脑儿“传达”给了俄皇。当时俄军司令部一片欢呼声，认为拿破仑打得精疲力竭，快要完蛋了，现在绝不能放过他。俄皇亚历山大一世听了自己最信任的侍卫长带回的信息后，也更坚定了原先提出的尽快发动对法军进攻的决心。甚至还认为，不必等待普军参战，完全可以用俄、奥联军就可以把拿破仑打败，否则，将使拿破仑有机会逃跑。

拿破仑利用俄、奥联军内部的矛盾，通过外交及军事上的巧妙措施，进而诱使联军就范的妙计，为他获取奥斯特利茨之战的胜利，创造了非常有利的重要条件。

而俄皇亚历山大一世求胜心切，拒绝库图佐夫等人的东撤建议，上了拿破仑假意谈判、故意示弱、力图避战等假象的当，在好大喜功心态的驱使下，贸然决定早打，动用联军 8.7 万人于 12 月 2 日仓促对法军发起进攻。

早已等待俄、奥联军上当的拿破仑立即抓住战机，以 1 万人的兵力阻击联军，集中主力 6 万人从翼侧和侧后反击联军，歼敌 2.7 万人，取得奥斯特利茨之战的胜利。

战后第二天，奥皇弗兰茨要求休战。12 月 4 日，法、奥双方和谈。27 日，法、奥双方签订了《普雷斯堡和约》，第三次反法联盟解体。奥皇被迫解散“神圣罗马帝国”，并宣布废除其“德意志民族神圣罗马帝国”皇帝的称号，它意味着，这个欧洲最古老的封建帝国在事实和名义上均就此寿终正寝。

俄皇亚历山大一世也于战后第四天引残兵败将北归。

普鲁士准备对法宣战的使臣则转而祝贺拿破仑的胜利，并与法国议和。12 月 15 日，普王威廉三世同意议和条件。有趣的是，在普鲁士使臣向法国祝贺胜利时，拿破仑曾不无讥讽地说：命运女神把您的祝贺对象改变了。

选择良好战场谋求胜利

善于选择战场是拿破仑指挥作战的一个显著特点。拿破仑身边的将领和侍从都知道，拿破仑每到一个新的作战地点，总要认真观察周围的地形，有时还要对某些地点对于攻防的优劣作出详细评点。

拿破仑还经常教导随行的将领们说，不论走到哪里，凡是有特点的地形都要加以研究，因为说不定将来会在那里打仗，可能会要占领那个地方。

战争实践证明，作战双方谁先认识到战场的价值，谁先果断选择或夺取好战场，所选战场就会为谁服务，并成为另一方的巨大障碍。否则，如果不善于利用好战场，就不能使战场发挥其应有的作用。

选择好战场，在拿破仑的作战制胜中就曾起过重要作用。在 1793 年的土伦之战中，拿破仑在观察了地形和敌人部署的兵力后，提出了炮兵突破、步兵迂回，从海上和陆上同时围攻土伦的作战方案。而该方案的重点就是，在猛烈炮火的掩护下首先攻占被称为“小直布罗陀”的马尔格雷夫堡高地，并从这个制高点轰击停泊在港湾内的英国舰队和西班牙舰队。

拿破仑认为，攻占这个高地，再在其两侧配置两个火炮阵地，用炮火攻击敌舰，迫使英舰撤走，则土伦守敌在一无退路、二无援兵、三无火力支援的情况下，必然不攻自破。这样，法军即使只用不多的兵力，也可以迅速攻占土伦。

在经过周密准备之后，土伦之战开始。拿破仑先以凶猛的炮火压制了英军要塞中的火力，并以6000多人的步兵和6个阵地的炮兵主攻“小直布罗陀”高地。战斗异常激烈，英国和西班牙军队进行了顽强抵抗，出现阵地夺而复失、失而复得的局面。

拿破仑在指挥炮兵轰击48小时后，命步兵随后跟近攻占“小直布罗陀”高地。在危急时刻他不顾腿部受伤和战马被炸死，身先士卒，带领步兵冒着枪林弹雨冲锋，一举攻占“小直布罗陀”高地。然后用大炮向土伦港的英国舰队和西班牙舰队猛烈开火。英、西两国军舰在法军炮火的直瞄射击下损失惨重，仓皇逃往地中海。土伦的保王党分子失去靠山，纷纷向法军投降。可以说，这次土伦之战的胜利，拿破仑的战场选择功不可没。

在1805年的奥斯特利茨之战中，拿破仑不仅事先选定了对于法军兼有攻防之利的战场，而且在作战过程中采取了先放弃后必夺的战法，这一有利的战场对夺取会战胜利发挥了重要作用。

在1805年法军同俄、奥联军的战争中，拿破仑先以战略奇袭的手段快速调动兵力，乘虚攻入奥地利邻邦巴伐利亚，再以迅雷不及掩耳之势攻占了乌尔姆，而后长驱直入，占领了维也纳，尾追败退的俄、奥联军。

同年11月17日，从维也纳城出发的拿破仑到达前线。此时，作为骑兵军军长的缪拉元帅根据拿破仑的命令，宣布终止他在几天前与俄军签署的临时休战协定，并率领法军的前卫骑兵部队快速推进。然而，俄军却利用休战协定北撤，并早已摆脱了尾追的法军骑兵，使得与法军之间的距离已超过约两天的行程。

缪拉为弥补自己的过失，亲率法军骑兵猛追疾进，于 19 日进入布尔诺，并在这里收缴了俄军丢弃的 60 门火炮和大批弹药。

在布尔诺东面约 21 千米处，有一个村庄叫奥斯特利茨。当时这里约有 4000 名奥军骑兵，挡住了缪拉的前进道路。

11 月 20 日，拿破仑随法军进入布尔诺。在大本营里，当侍卫军官打开地图，将领们准备报告作战形势时，拿破仑突然伸出右手指着奥斯特利茨附近的普拉岑高地对众人说："就在此地，把敌人消灭掉!"

缪拉元帅却颇为得意自我表功且又诙谐地说："俄国蛮子已经跑远了，现在还不知道他们躲到哪里去了哩!"

但拿破仑却颇为自信地说："不，他们不会走远的。即使走远了，还可以叫他们回来。"后来的战争进程果然验证了拿破仑的这个预想。

据说，拿破仑在途经布尔诺的路上，曾多次停留并认真察看沿途地形，还对随行的人员说，这一带地形良好，可以在此打上一仗。当他看过地图后便马上作出决定，选择奥斯特利茨附近的普拉岑高地作为战场。显然，拿破仑能果断选择这里作为战场，恐怕并非偶然的灵感，而是通过提前察看并深入思考作出的决断。

那么，拿破仑为什么要选择普拉岑高地作为战场呢？在地理环境上，从布尔诺到奥斯特利茨有一条横贯东西的大道，大道以北是起伏不平的丘陵，丘陵地带的南部为戈尔德巴赫河、利塔瓦河汇合处，湖泊沼泽构成天然屏障；北部比较平坦；中部地势突起，形成一个小小的高原，其突出的顶部就是普拉岑高地。以此地为战场，只要占据普拉岑高地，就能控制周围的广大地域。可见，普拉岑高地是该地区影响全局的制高点，在作战中将成为双方的必争之地。

拿破仑进到布尔诺后，没有继续挥军追击，而是命令部队在该城以东地区构筑工事，摆出防御架势。在随后进行的奥斯特利茨之战中，其主要战场果然就是普拉岑高地。

拿破仑选择此地作为战场，不仅体现了其所具有的非凡的地形判断力，而且在随后的作战中又充分利用了这一有利的地形。

在战役开始前，拿破仑为创造进行反击的条件，曾故意示弱，主动放弃普拉岑高地，将自己的左翼暴露在俄军面前，诱使俄军实行迂回，以便在运动中攻击其侧背而取胜。

关于是否应放弃普拉岑高地曾意见不一，有人认为是失策之举。而实际上这恰恰是拿破仑运用战术灵活之处。从当时情况看，如果法军坚守这一高地，联军势必在 12 月 1 日全力攻取，提前一天大战。而这时法军后援未至，难于决战。而主动放弃普拉岑高地，则争取了一天的宝贵时间。同时，普拉岑高地居高临下，俄军不便向法军右翼迂回分兵，很有可能形成双方集兵于高地正面的硬打硬拼。

俄军轻取普拉岑高地后，果然分兵迂回，压迫法军右翼，企图切断法军与维也纳的联系。这样，法军右翼万人以地形之利，抗击和牵制联军 4 万余人，而在中央及左翼则以近 6 万之众对联军 4 万人，形成主要方向上的优势，有利于法军中间突破。

12 月 2 日，在奥斯特利茨以西、维也纳以北 120 公里的普拉岑高地周围的丘陵地带展开了一场震惊欧洲的大会战，即奥斯特利茨之战。当日拂晓前，俄、奥联军开始进攻。联军北面两个纵队由俄将巴格拉季昂和利赫特尔斯指挥，向法军拉纳和贝尔纳多特发动攻击；君士坦丁大公指挥的俄国近卫军则作为预备队在两支军队的后面。在中央部位，科洛华特指挥奥军 2.5 万人攻击防守柯贝尼茨的苏尔特军。

联军的攻击重点是拿破仑薄弱而分散的右翼，在这里集中了约 2/5 的兵力，而致使中央部位的普拉岑高地成为一个防守薄弱的地区。拿破仑很快发现了联军的重点在左翼，并决定向进攻中的联军发动侧翼反攻。

上午 7 时半，当太阳升起时，法军称之为“奥斯特利茨的太阳”。拿破仑从指挥所中看到普拉岑高地几乎已无俄军防守，他立刻意识到这是敌人犯了放弃中央高地的严重错误。于是，他决心来个中央开花，占领联军放弃的普拉岑中央高地。他马上命令达武的中锋部队出动两个师占领中央高地，从而将联军拦腰切成两段。

当时，奥军科洛华特纵队在行军中遭到侧面攻击，秩序大乱，发生四散溃逃。当时俄皇亚历山大一世与俄军总司令库图佐夫及其司令部都跟在这支纵队后面，由于科洛华特部队的溃散，使得他们失去了对联军的控制。

与此同时，在北段，拉纳成功地击退了俄将巴格拉季昂的攻击，并同贝尔纳多特及贝西埃尔的近卫军重骑兵向敌人发动猛烈进攻。

在南段，俄将布克斯盖弗登受到苏尔特和达武两支兵力的分别从南面和东面的攻击。

接着，拿破仑利用局部优势兵力将联军包围压缩到半结冰的湖泊上，湖泊的冰块被法军炮火击碎，致使联军整团整团地被淹死、击毙和生俘。

经过数小时激战，拿破仑以损失 1 万人的代价，歼敌 2.7 万人，俄皇亚历山大一世和奥皇弗兰茨二世侥幸逃脱，联军总司令库图佐夫受伤，险些被俘。此役之胜，迫使第三次反法联盟解体。

这场奥斯特利茨之战由于法、俄、奥三国皇帝均参战指挥，又称“三皇会战”。其中，会战双方曾以争夺普拉岑高地为焦点展开激战。拿破仑先主动放弃普拉岑高地，诱使俄军分兵。当俄军占领普拉岑高地后，错误地分兵迂回，重点攻击法军右翼，导致普拉岑高地防守薄弱。拿破仑则乘机集中优势兵力夺回普拉岑高地，并依托该高地通过中间突破实施反击，致使俄、奥联军全线溃败。可见，拿破仑选择普拉岑高地作为战场，不仅充分利用该高地附近的有利地形大做文章，而且还借此加速了联军的失败。

此外，拿破仑于 1797 年在意大利作战时对里沃利战场的选择，1807 年进行弗里德兰之战时对河湾地形的利用，以及 1809 年法奥战争中对瓦格拉姆战场的重新选定等，也都是其善于选择战场和利用有利地形谋求制胜的成功例证。

危急时刻不应犹豫不决

拿破仑把在应该行动的时候毫不犹豫，看作军人的重要美德之一。拿破仑的作战有许多优良素质，但最令敌人害怕和最令部下钦佩，并最终决定战局的素质，则是他在指挥作战时尤其是在危急关头所表现出的那种钢铁般的坚定性，从他身上看不出丝毫的优柔寡断和犹豫不决的软弱性。

拿破仑根据历史的教训阐述说："在严重的危机时刻，不应有丝毫的犹豫不决：犹豫不决总是毁灭人，而从不会把人从厄境中救出。英国的查理一世原有能力战斗并能获得胜利，但他犹豫不决以致被斩了首。犹豫不决就是缺乏正确判断和才智。凯撒曾经在鲁比肯河边犹豫不决，这一天他完全不像他自己了。军人的重要美德之一，是在应该行动的时候毫不犹豫。"

拿破仑还说："一位行动既无准则又无计划而且犹豫不决的将领，纵然所领军队在数量上优于敌人，但是临到战场，反会处于劣势。这是几乎没有例外的。犹豫不决和准备不足，会在战场上招致必然的失败。"

他还阐述说："据守不良阵地而又遭到敌人优势兵力的袭击时，平庸的将领必以撤退来求安全。但是一个卓越的司令官则不然，因其具有勇敢的坚毅精神，反而可能向前迎击敌人，这样将使敌人感到困惑。如果敌人犹豫不决，则能干的将领就可借此谋操胜算，至少可以调动部队以争取时间，并可利用夜间来挖掘壕沟掩体，或者撤向较为有利的阵地。这种勇敢行为可以保持部队的荣誉，对于部队战斗力的影响殊为重大。"

他还认为，犹豫不决的、胆怯的或者试探性的进攻是非常有害的，会导致最终的失败。

对此，英国元帅魏菲尔也认为，将领的第一要素是"坚定性"，也就是支持震荡的能力。并通过举例评述说，当他还是一个青年军官时，有个搞山炮的朋友告诉他，任何一门山炮的新设计样式，当它被交给炮兵委员会时，后者先把它搬到约 30 米高的塔顶上，然后把它抛落地下。如果大炮落地后仍能使用，才进行其他的试验，否则便认为脆弱无用，予以抛弃。炮兵委员会认为，在作战时，骡马与山炮非常容易跌落山下，山炮应该经得住这样的意外，而将领在作战时所遭受的震动要比山炮经受的打击还要沉重。所以，将领必须具有相当程度的坚定性，他的支持震荡的能力应该远远超过一般人不能忍受的程度。魏菲尔由此评价说，宁愿有个身体欠佳的拿破仑在我们身旁，而不愿有身体很好而其他方面远不如他的人，这是因为拿破仑拥有极强的坚定性。

拿破仑有一句名言："在我的字典里没有'难'字。"正如有人所说，拿破仑的毅力远比他的智力更可怕。他的钢铁般的意志是他在很短时期里完成多项任务的一个重要因素。

如在 1796 年的意大利之战中，法、奥两军曾进行了争夺洛迪桥的作战。洛迪桥位于洛迪城东侧，是连接布里西亚的交通枢纽。拿破仑于当年率军抢占北意大利伦巴第首府米兰时，曾在这里与东撤的奥军发生过激烈的战斗。

5 月 10 日，法军与奥军的决战就从争夺洛迪桥开始。拿破仑于当天随军直到洛迪城后，迅即对攻占洛迪桥作了周密的部署。

晚 6 时许，当奥军炮火刚刚减弱，隐蔽在城墙后面的 3000 多名法军突击队队员便突然打开洛迪城门，沿大道冲向洛迪桥头。

奥军则以约 30 门火炮集中火力向冲上桥头的法军实施猛烈轰击，并构成了严密的火网封锁区。

拿破仑决心以大纵队强冲过桥。入夜，法骑兵涉水渡河后，突击队员再次发起强攻。

奥军炮火集中封锁桥梁，并用榴霰弹和铳枪弹将法军纵队正面打乱，法军伤亡惨重，士气大受影响。

在前进受阻的关键时刻，在城头督战的拿破仑亲率掷弹兵营，冒着纷飞的弹雨，一面大声呼喊，鼓励士兵镇定，一面组织新攻击。由于拿破仑临危不惧，沉着指挥，使法军士气大振，很快就夺得了洛迪桥。

此次战斗，奥军损失2500多人，丢弃15门火炮和大量军用物资。而法军仅阵亡200多人。而拿破仑在危急时刻的果敢指挥和身先士卒之举，对取得胜利起到了决定性的作用。

后来，拿破仑在回忆这段经历时曾感慨地说："洛迪桥战役之后，我不再把自己看作仅仅是一个将军，而是把自己看作注定要对一国人民的命运起决定影响的人。在我思想上出现了我能够成为在我们政治舞台上出色地扮演一个主角的想法。"

又如，在同年11月的阿尔科莱作战中，奥军为解救被围的曼图亚要塞，第三次派遣援军南下，法、奥两军曾在横跨阿迪杰河的阿尔科莱桥附近对峙，激战三天。

当时，法、奥两军对阿尔科莱桥进行了反复争夺，法军对该桥几度得手又几次复失。其中，法军曾一度后退，拿破仑自己也陷入泥沼中，由其副将营救方才脱险。经两日苦战，双方牺牲都很大。

第三天，拿破仑借着浓雾以50名骑兵迂回奥军左翼侧背，伪装大队骑兵突袭，实行骚扰，同时从正面发起猛攻。在决定胜负的关键时刻，拿破仑手擎军旗率先冲到桥上，使法军士气大振，不仅一鼓作气夺取了阿尔科莱桥，而且牢牢守住了该桥。接着，又追击败退之敌，从而使奥军第三次为曼图亚要塞解围的企图破灭。

再如，1807年2月8日，法、俄两军在东普鲁士艾劳镇进行会战。法军由拿破仑亲自指挥，俄军由本尼格森指挥。双方顽强血战，难分胜负。

在会战中，由于俄军在炮兵数量和地形条件等方面占有相当的优势，曾使法军一度处于极端不利的境地。当时，由于法军元帅没有按照拿破仑指定的时间进入战斗，奥塞罗军几乎全部被俄军歼灭，拿破仑自己也在战斗的中心地点差点被俄军炮火击毙。

在战斗中，艾劳镇附近的一块墓地成了争夺中心地点。这块墓地处在俄军射程的范围之内，也是勇猛的哥萨克骑兵反复攻击的目标。

拿破仑认为，不到万不得已军队总司令不应到炮火最激烈处去冒生命危险，但当时已出现了与洛迪桥和阿尔科莱桥相同的情况，迫切需要他到第一线去稳定军心。因此，拿破仑始终在这一双方激烈争夺的中心地点指挥作战。

该地曾多次陷入被俄军夺去的险境，一支约 4000 人的俄军突击部队几乎逼到墓地前沿，拿破仑身边的副官、护兵和传令兵等不断在炮火中倒下。法军总参谋长贝蒂埃也请求拿破仑尽快离开此地。

但拿破仑意识到，此时此刻，要使士兵们在俄军的猛烈炮火之下奋勇作战，他本人的行动将是一个关键。只有自己在现场进行直接指挥，才有取胜的把握，否则，后果不堪设想。

于是，拿破仑继续临危不乱，指挥若定。在连续几小时的激烈战斗中，他身边的近卫军换了一批又一批，而他本人却始终没有移动指挥地点，并坚决、果断、及时地下达各种命令，最后终于等来了法军骑兵营，对俄军主力展开进攻。达武军也迂回到俄军翼侧发起突击，迫使俄军防线动摇。拿破仑又抓住战机，令近卫军出击，迫使俄军向柯尼斯堡撤退。

可见，每次在千钧一发的关键时刻，拿破仑从未优柔寡断、犹豫不决，而总是身先士卒、临危不惧、果断指挥，并以其坚毅的决断能力，对鼓舞士气、激励勇气，乃至夺取胜利起到了巨大甚至有时是决定性的作用。

在这方面，也有反面的例子。如拿破仑在瓦格拉姆之战中以胜利结束。但此次战役无法与奥斯特利茨之战和耶拿之战相比，法、奥两军死伤均在 3 万以上，奥军虽败退，但法军却因疲惫不堪而无力追击。

而该战之初，主动权明显掌握在奥军手里，如果奥军统帅卡尔大公除具有卓越的指挥才能外，还具有拿破仑式的刚强意志，是很有可能赢得这次战争的。

卡尔大公虽是奥地利当时最杰出的指挥官，但往往优柔寡断，缺乏指挥官所具有的那种钢铁般的意志，缺乏热情和主动精神。在战争之初，他因此前打过几次败仗就惊慌失措，向拿破仑求和。而在赢得初战胜利后，又犹豫不决，没有乘势扩大战果把法军赶入多瑙河的决心。相反，拿破仑却以钢铁般的意志镇住了奥军，在黑夜的掩护下把暂时败退的法军安全撤出。结果，奥军一再错失战机，不得不以失败者的身份退出战场。

步兵、骑兵与炮兵三者应相倚为用

拿破仑十分重视作战指挥的统一以及各兵种的有机配合。他指出："在战争中，最重要的事情莫过于统一指挥。因此，在同一国家单独作战时，只能有一支军队，在一条战线上行动，而且仅仅委派一位司令官进行指挥。"

他认为："步兵、骑兵与炮兵，三者相倚为用，均须相互协作。因此，对于它们的配置务求稳妥，要在一旦遭受突袭时能够互相支援。"

拿破仑在作战中十分强调步兵、骑兵和炮兵三个兵种的有机配合。他明确区分了这三个兵种在战斗中的职责和任务，既充分肯定步兵在战争中的主体地位，又非常重视炮兵和骑兵的特殊作用及运用。

他指出："步兵质量愈好，愈要爱惜使用，并以优良的炮兵予以支援。精良的步兵无疑是军队的骨干；不过，若强使他们长期同优势的炮兵作战，则会使他们士气瓦解而招致失败。一位拥有精良步兵又善于运用战术的将领，虽在炮兵方面劣于敌人，仍有可能在战役的某一期间获得成功，但是待到会战的决战之日，他会深切感到炮兵不足之苦。"

他还提出："步兵要同炮兵、骑兵和指挥官经常保持联系；军中各师都要做好准备，以便随时相互协助，进行支援和掩护。"

拿破仑的骑兵在战争中是一支举足轻重的力量。为加速骑兵建设，拿破仑曾不惜花高价从北德意志、英国、意大利等国购买战马，聘请和招募外国教官，以加强骑兵的训练。起初，法国骑兵勇猛有余而骑术不精。如在埃及同马木留克骑兵作战时，法军骑兵的个人骑术就敌不过对手。后经苦心经营，特别是布伦兵营建成后，法军骑兵质量显著提高。法军著名的缪拉元帅统率的骑兵部队驰骋疆场，战功累累，为法军增色不少，成为欧洲各骑兵不容忽视的重要作战力量，以至于有人认为法军骑兵是无敌的。

法军骑兵分轻骑兵和重骑兵，各有自己不同的任务。轻骑兵主要用于纵深的侦察和掩护前卫部队，以及会战胜利之后追击敌人。重骑兵主要指胸甲骑兵，由于其胸甲很重，在实战中往往运动笨拙，并难以抵御近距离射来的枪弹，曾被欧洲军队一度废弃。拿破仑尤其重视发挥机动性很强的轻骑兵的作用，并认为，骑兵的力量主要在其冲击力。如1805年法军向乌尔姆推进中，1806年耶拿之战后，缪拉的骑兵不停顿地追击溃退中的普军时，均发挥了重要作用。

对于骑兵，拿破仑更多的是作为预备队使用。他往往将大部分骑兵用于有利时机进行强有力的决定性突击，或用于对溃退的敌人进行追击。但拿破仑绝不让骑兵远离主力部队去单独进攻或阻击敌人，因为骑兵若无步兵的支援，将很难守住某个阵地或占领某个阵地。

在他看来，不按战术原则而随意将骑兵、炮兵和步兵配置在一起是不对的，混合使用步兵排和骑兵排不仅无益而且有害。因为骑兵失去机动力，则所有行动均受牵累，其冲击力也将消失殆尽。而骑兵出动后，步兵即已暴露，势必陷入没有支援的状态。并认为，在某些情况下，没有步兵的有力掩护，骑兵不免会惨遭厄运。

作为炮兵军官出身的统帅，拿破仑不愧是一个优秀的炮兵专家。与其同时代的将领相比，拿破仑最早和最深刻认识到炮兵在自己时代的意义，并充分发挥了炮兵的战斗威力，并且比其前辈又进了一步。如弗里德里希二世仅把炮兵作为“辅助部队”，并始终不承认其是个“兵种”。而拿破仑则认为，在当时，无论在攻击还是在防御中，炮兵都是一个重要的兵种。

对此，恩格斯曾评价说：“由于格里博瓦尔的各种改革措施，法国炮兵在革命战争时期比其他各国的炮兵都强大，并且很快地成为拿破仑手中的威力空前强大的一支兵力。”

有人曾认为，拿破仑在战争中所依赖的主要是炮而不是枪。而拿破仑自己也曾说过：“无论在攻城中，还是在野战中，担任主角的都是炮兵，它已经造成了一个完全的革命。”并认为，在当时，“炮兵确实决定军队和人民的命运”。

他还说：“进行会战也和实施攻城一样，其技巧就在于集中大量火力攻克一点。战斗开始以后，攻方如能出敌意外，集中炮兵火力突然射击某一选定地点，那么，必能攻克该点。”

拿破仑是第一个集中使用大量炮兵的统帅。他在1793年土伦之战崭露头角和1795年巴黎平叛大显身手都与善于使用炮兵密切相关。虽然初期拿破仑的炮兵在数量上并不多，并且其炮兵武器也没有大的改进，但他却对炮兵进行了扩编，增强了炮兵的机动性，使炮兵的作用得以充分发挥。

如他在1797年获得里沃利之战胜利时，只用了20门大炮，在1800年获得第二次意大利之战胜利时，也只用15门大炮，但拿破仑善于把火炮部署在必要的地段上。在1805年的奥斯特利茨战场上，法军共有火炮139门，而俄、奥联军则有火炮278门，双方火炮数量为1∶2，但拿破仑则通过火炮的充分利用而获得了其一生中颇为自豪的胜利。

之后，法军火炮的数量曾增至2.79万余门，较路易十六时的1万余门几乎增加了两倍。拿破仑还对法国炮兵总监格利包佛尔和炮兵专家杜特兄弟在炮兵技术战术方面的改进非常重视。据说，拿破仑曾同杜特一起研究炮兵的使用，并作改进火炮的试验。

拿破仑还提出：“炮兵应配置在最有利的阵地上，在不妨碍火炮安全的原则下，应尽量接近步兵与骑兵之线。炮兵阵地应取居高临下的有利地形，能向各个方向发射，不要使其左右两方受到地形的障碍。”

拿破仑在会战中往往用少量炮兵发起战斗，迫使敌人暴露兵力，而把大部分炮兵留作预备队。当主要攻击目标一经确定，拿破仑就集中大量的炮兵火力，出敌不意地同时猛烈轰击这一目标，在敌人阵地上和纵队中打开巨大的缺口，为步兵预备队的最后攻击作好准备。

瓦格拉姆和博罗季诺等会战就是这样获胜的。其中，1809年的瓦格拉姆之战，法、奥双方均有相当数量的火炮，但法军则以584门火炮对奥军的410门火炮占据优势。然而，法军较奥军更胜一筹的则是其炮兵的机动性。拿破仑除按传统方法建立专门的炮兵部队外，还编建了轻型炮连。前者配有重型炮，通常用于战斗开始和步兵冲击时；后者配属师和旅，可及时支援各自的部队，必要时还可把若干炮连急速集于战场某一点，形成强大的集火射击。

在瓦格拉姆之战中，拿破仑曾令洛里斯托纳迅速集中60门火炮，近卫军团集中40门火炮，通过集火射击，打开了奥军中央的巨大缺口，有力地配合了麦克唐纳军团、乌迪诺军团、近卫军团和骑兵军团的攻击，使奥军遭受很大的杀伤。在此战中，法军消耗的炮弹达7.1万发，这在当时是相当惊人的数字。

在拿破仑进行战争的过程中，炮兵确实起了巨大的作用，有时甚至起了决定性的作用。如弗里德兰之战中，拿破仑曾使法军炮兵的配置能够射到俄军阵地的每个地段。并在战斗一开始，即以火炮进行了猛烈的轰击，而当预备队维克托军投入战斗时，更以马尔蒙约40门火炮推进至靠近敌前沿的突出部位上，使集中的火力产生了巨大的杀伤震撼作用，促使俄军加速溃退。

但是，当炮兵不足或未能完成自己的任务时，使用步兵和骑兵进行攻击就难免消耗可贵的时间和兵力。在滑铁卢之战中，法军因缺乏榴弹炮，或者说对炮兵使用不够恰当，未能把威灵顿公爵从反斜面和有掩体的阵地上轰出来，以致拖延了作战时间，没能及早解决战斗，这不能不说是造成其失败的原因之一。

拿破仑还指出："如果一支军队在数量上处于劣势，骑兵和炮兵都较敌军为弱，那么，指挥官必须避免全面战斗。人员数量的不足，可用进军的速度来弥补；炮兵的缺乏，应以适当的机动来抵偿；骑兵的劣势，则靠选用有利的阵地来消除。"

总之，拿破仑根据军事出现的新情况，探讨了当时迫切需要解决的步兵、骑兵和炮兵三个兵种的统一指挥、协同作战的问题，从而把弗里德里希二世开创的骑兵和炮兵联合作战大大向前发展了一步。

利用外交手段为军事斗争服务

运用外交手段为军事斗争服务，是拿破仑战争指导艺术中的一项重要内容。拿破仑的外交手段在战争准备及作战过程中都有所体现，因此有人认为，拿破仑不仅是一位杰出的军事统帅，而且是一位高明的外交家。

而苏联史学家塔尔列则认为："在玩弄外交手腕方面，拿破仑不仅不低于塔列朗，而且比后者还要高出一筹，尽管后者也是颇有才干的外交大臣，但是一些指导思想是拿破仑自己向塔列朗提出的，一切重要和平谈判是由他自己进行的，塔列朗只是提供建议，起草外交文件，制定一些达到预定目标的策略性的办法。”

早在 1796 年，拿破仑担任意大利方面军总司令时就已开始了其外交活动。1799 年，拿破仑发动“雾月政变”成为最高统治者上台执政后，更是获得了处理外交事务的全权。

当时，法国面临的国内外形势非常紧张，既要应付第二次反法联盟的军事入侵，又必须尽快稳定国内秩序，获得短暂的和平及喘息的机会。

拿破仑在重点解决法国国内问题的同时，向英王乔治三世和奥皇弗兰茨二世发出尽快停止军事行动的外交信件。拿破仑在两封信中不仅态度诚恳，言辞彬彬有礼，而且故作忧虑地谈到欧洲的危急局势，表示自己渴望和平，并向他们呼吁和平。

拿破仑在给英王的信中写道：“法国和英国，为了互相争雄，都在浪费国力。虽然一时间还没有消耗殆尽，但对世界各国已是不幸的了。我不妨断言，结束这场引起全世界战火蔓延的战争，是关系到世界上一切文明国家前途的事。”

然而，拿破仑的这一和平姿态，却遭到了英、奥两国的断然拒绝。英国大臣傲慢地回信说：“如果法国真诚渴望和平，那么，现实的和持久的和平的最好和最自然的保障就是让法国原来的王室复位。这个王室统治法国已达数百年之久，并使法国国内安享太平，在国外备受尊敬。无论何时王室统治的恢复将立即排除和平谈判的一切障碍。”

针对这种明目张胆的封建干涉主义，拿破仑以其外交部部长塔列朗的名义予以针锋相对地回击说：“毫无疑问，英国国王陛下应当承认各民族有自由决定其政府形式的权力，因为国王陛下也正是基于这一权力而获得王冠的。但是，第一执政不能理解，既然国王陛下承认允许各种政治结构存在的这些基本原则，却允许对共和国内政的干涉。这样的干涉对法国民族和政府造成的伤害，如同让英国恢复上世纪曾一度确立的共和政体或者恢复被革命推翻的那个王室的统治对英国国王造成的伤害是一样的。”

与此同时，英国首相威廉·皮特又用古罗马西塞罗的话来拒绝拿破仑的和谈建议：“为什么我再一次拒绝媾和呢？因为这种和平是不可靠的，危险的，因而是不可能缔结的。”

拿破仑在遭到英国的拒绝后说：“这一回答充分满足了我。英国需要战争，英国将会得到它。是的，是的！殊死的战争！”

显然，英国拒绝和平的做法使其在政治上陷入了被动地位，而拿破仑则由此获得了鼓动和组织法国人民同仇敌忾反对外国侵略的最好借口，使得其加强战备的政策和措施在国内受到全体军民的支持，在国外也理由充分地抵制了敌对势力的恶意谴责。

这也使拿破仑充分认识到，英国需要用战争摧毁法国革命，摧毁法国的实力；法国也需要战争击退英国的干涉，摧毁英国的海上霸权。这是一场殊死而持久的战争。

又如，在同英国的长期战争中，拿破仑总是把争取沙俄帝国作为其外交政策的一项重要内容。

当法国革命爆发时，沙俄帝国正同时在两个战线上对土耳其和瑞典作战，以夺取黑海的出海口和巩固波罗的海的出海口，并阴谋策划对波兰进行第二次瓜分。法国革命给俄国以极好的机会，使其能借口镇压法国革命挑唆欧洲大陆其他封建国家武装干涉法国，而自己则可以肆无忌惮地对土耳其和波兰进行新的掠夺。当沙俄帝国获得了欧洲的北大门、南大门和东欧长廊之后，又进而窥视中欧，充当了封建干涉主义的首脑。

但这些情况似乎并不妨碍拿破仑去接近和争取沙俄。因为东方的沙俄与西欧的法国在地理上相隔较远，相互间的矛盾还尚未发展到后来那样尖锐的程度，而沙俄同奥地利在中欧、意大利和巴尔干，同英国在地中海和土耳其的冲突却日益激化。

因此，拿破仑上台不久，就寻求同沙俄接近的途径。拿破仑先派人到柏林活动，委托中立的普鲁士向保罗一世传递信息。并且，拿破仑在意大利战场与奥地利进行军事较量的同时，还密切关注着俄、英两国为争夺马耳他而产生的严重对立。

拿破仑于 1800 年 7 月返回巴黎后采取了一项重大的外交步骤。他通过其外交部部长塔列朗给沙俄政府一封信，在信的末尾提出：法国可以立即和无条件地将 6000 名俄国战俘连同他们的所有军旗送回俄国，并宣布为每个战俘配备新武器和发给新军服。

接着，拿破仑又在给保罗一世的第二封信中重申法国抗击英国保卫马耳他的决心。在这里，拿破仑不仅抓住了俄、英矛盾的要害——马耳他问题，而且试图用马耳他这个不和的种子扩大俄、英矛盾，促使沙俄同法国接近。

果然，俄国沙皇决定与法国建立友好关系。保罗一世写信给拿破仑，表示放弃干涉法国内政的意图。一个月后，保罗又写信给拿破仑说，两大强国确立协调，就能对其他地区产生有益影响。同时，保罗一世在另一封信中还建议法国在英国沿岸采取措施。同年 12 月，保罗一世又同拿破仑交换了一些友好信件，并派科利切夫到巴黎签订和约和商讨成立法、俄联盟事宜。

拿破仑同反法联盟的首脑人物保罗一世的结盟，是其反对欧洲干涉主义的一大突破，是其分化瓦解敌人营垒、争取敌人营垒的主要成员为自己盟友的外交政策的一大胜利。

然而，正当拿破仑在争取俄国准备集中力量打击英国之时，传来了保罗一世在米海洛夫宫被人勒死的消息。于是，拿破仑又将其外交重点放在同奥地利和英国的和平谈判上。

1800 年 10 月间，在巴黎开始了法、奥谈判。双方都力图运用巧妙的外交手腕战胜对方，但决定谈判结局的还是在战场上。

起初，奥地利的科本茨还期待着法国国内形势的变化和拿破仑在战场上失败的可能，一再拖延谈判。但随着 11 月间马伦戈之战签订的停战协定的期满，以及 12 月 3 日由莫罗将军统率的莱茵军团在巴伐利亚的霍亨林登获得对奥军的大捷并乘胜向维也纳进军，奥地利再次求和，签订了新的停战协定，才促使科本茨加速了谈判的进程。而拿破仑则指示参加谈判的哥哥约瑟夫不要急于签订和约。

最后，由于奥地利在战场上的失败，于 1801 年 2 月 9 日签订了《吕内维尔和约》，不得不接受拿破仑所给予的相当苛刻的和约条款。而拿破仑则得到他所要求的一切，包括不要英国参加而签订单独和约以及确认 1797 年《坎波福尔米奥和约》。

由于拿破仑在战场和谈判桌上所取得的胜利，致使反法联盟瓦解，只剩下了孤单单的英国。英国既然在作战中失去了所有盟国，无法继续执行用英镑和科技队伍唆使他人火中取栗的政策，只好放弃战争手段接受和谈。

1801 年 10 月 1 日，英、法两国代表在伦敦签订了预备和约的条款。之后，又于 1802 年 3 月 27 日签订了《亚眠和约》，其中包括英国归还大部分占领的殖民地，撤出马耳他和不干涉荷兰、德意志、意大利内政等。尽管该和约对英国不利，但由于当时英国很孤立，只能被迫作出重大的让步。

而拿破仑则一方面借胜利之机竭力削弱英国在大陆的势力，另一方面又做好与英国再次进行战争的准备。尽管如此，《亚眠和约》仍结束了欧洲的十年战火，确立了法国在西欧的优势，并出现了连续几年的和平局面。

再如，拿破仑在进行奥斯特利茨之战前，曾使出外交上的各种手腕拖延普鲁士参战。

普鲁士于1795年脱离反法联盟保持中立后，一直垂涎英国国王在北德意志的封地汉诺威。1801年，普鲁士一度放弃中立出兵占领了汉诺威，但在英国的压力下又从汉诺威撤出。

1803年，法军占领汉诺威，对普鲁士心思摸得一清二楚的拿破仑，便开始巧妙地玩弄起汉诺威这只棋子。拿破仑说，他可以用汉诺威这根骨头，紧紧拴住普鲁士。

当法国同俄、英、奥的决战迫在眉睫时，拿破仑便向普鲁士抛出了这根骨头。拿破仑私下答应将新从英国手中夺得的汉诺威割让给普鲁士。

法国以转让汉诺威作为代价，换取普鲁士国王威廉三世的一个诺言：普鲁士将在未来的战争中保持中立。以致当沙皇向普鲁士递交最后通牒性文件，敦促威廉三世向拿破仑宣战，至少要准许俄军通过普境时，普鲁士竟回答说，如果沙皇这样做，普鲁士将同法国结成同盟以抗击俄军。

然而，当法军越过普境去奥地利的消息传来后，威廉三世又回过头来向沙俄靠拢，邀请亚历山大一世前来柏林。沙皇借此在柏林苦苦劝说了八天，要求威廉三世参加反法联盟。

但由于奥地利军队在乌尔姆的覆灭，维也纳的陷落，导致对拿破仑的恐惧，以及汉诺威的引诱等因素，使得普鲁士没有答应反法联盟出兵助战，只同意同俄、奥签订《波茨坦条约》。根据该条约，普鲁士承担以武力为后盾进行调停，如果调停失败，则普军将从西部发动对法军的进攻。

拿破仑密切注视着亚历山大一世在柏林的活动，他于11月3日给塔列朗的信中承认了法军当时处境的困难，即法军正面的敌人兵力占优势，两翼敌人咄咄逼人，大约10万普鲁士军队开始向南部边境移动，有的已集结到鲁特山脉地区。而普军如果参战，从法军背后捅上几刀，拿破仑的一切作战计划很可能会完全化为泡影。

于是，拿破仑要求塔列朗无论如何要稳住前来下最后通牒的普鲁士使者豪格维茨伯爵，既不能让他提出什么条件或要求，又不能使他匆忙离去。拿破仑还指示塔列朗，编造借口说军营中环境不佳，条件不好，请豪格维茨伯爵先到维也纳，皇帝准备在奥地利皇宫里同他会晤和谈判。实际上是把豪格维茨伯爵“软禁”在奥地利都城，使其无法完成普鲁士国王交付的外交使命。

1805年12月2日，奥斯特利茨之战以俄、奥联军惨败结束后，拿破仑在维也纳接见了普鲁士使臣。而由于法军获胜，使得豪格维茨不仅没有拿出普鲁士国王的最后通牒，反而向拿破仑表示祝贺。12月25日，原本是普鲁士国王限令拿破仑从奥地利撤军的日子，但法、普两国却在维也纳的申不伦宫里，签订了一个同盟条约。

利用外交手腕为军事斗争服务，反映了拿破仑身兼军事家和外交家的特长。诚如有的学者所评述的，正因为拿破仑身兼军事家和外交家的双重身份，所以有利于他靠战争机器来推进外交政策。拿破仑既是意大利战场上连续击溃七支奥地利军队的获胜者，又是结束第一次反法联盟《坎波福尔米奥和约》的决策者；既是粉碎第二次反法战争的最高指挥者，又是《吕内维尔和约》《亚眠和约》的决策者；既是乌尔姆之战、奥斯特利茨之战、耶拿之战、弗里德兰之战的获胜者，又是《蒂尔西特和约》的决策者。拿破仑把军事活动与其外交活动有机联系起来，靠战争贯彻外交政策，又把外交政策和外交活动当作夺取战争和战役胜利的重要工具。

学狐狸的狡诈抖狮子的威风

拿破仑曾借用法国路易十一的一句名言表白自己说，他有的时候像狐狸，有的时候像狮子。并且知道，该在什么时候扮狐狸，什么时候扮狮子。还声称，这是他进行统治的全部秘密。

应该说，拿破仑的确深谙此中奥秘，并堪称经常交替使用狐狸的狡诈和狮子的威风这两种手段的行家。尤其是在用兵作战时，更擅长设谋施计，不仅方式非常多，而且范围相当广，并常常在许多场合超出他人意料或在常人难以想象的条件下获得出人意料的成功。

在法军士兵中曾流传着一则拿破仑开枪救人的故事。

一次，拿破仑骑马穿越一片森林时，忽然听到一阵急迫的呼救声。他扬鞭策马，向发出呼喊声的地方奔去。

在一个湖边，一个不会游泳落入水中的士兵正顺流向深水处漂移，已距离岸边有30多米远了。由于岸上的几个士兵也不会游泳，眼见同伴快要淹死，又想不出施救的办法，正慌作一团无可奈何地呼喊着。

拿破仑赶到后问道："他会水吗？"

一个士兵回答说："他只能划几下子，现在不行了，刚才喊救命哩！"

拿破仑随即从侍卫手中取过一支枪，并大声向落水的士兵喊道："你还往中间游什么，赶快游回来。再往前去，我就开枪把你毙了！"说完，还果然朝那个士兵的前方开了两枪。

落水的士兵可能听到了有人在岸上的威胁话语，并似乎听到了子弹在其前方入水的响声，猛然回转身来，犹如增添了力量，急促地扑通扑通地胡乱划着，居然渐渐到了岸边，随即在同伴的帮助下爬上岸来。

落水的士兵得救了，同伴们都很高兴。这时他们才发现，站在他们身边的竟是拿破仑皇帝。

获救的士兵惊魂初定，连忙拜谢拿破仑，并不解地问："陛下，我是不小心落到水里去的，快要淹死了，您还要枪毙我，这是为什么呀？"

拿破仑笑着说："傻瓜，不吓你一下，你才真的要淹死哩！你再往前漂去，沉到湖底下，就再也游不回来了。这是一个荒野深湖，周围没有居民。我看，这里几个人没谁能下水救你呀！你吓了一跳，不就回过头来自己救了自己吗？"

经拿破仑这么一说，士兵们恍然大悟，暗自庆幸多亏皇帝路过这里，否则，这个士兵的性命肯定是保不住的。

这虽然是一件小事，但从中反映了拿破仑敏捷的思维和机智的决断，以及遇事善于出谋用计的秉性。

又如，自皮埃蒙特之战后，拿破仑率领法军在意大利境内长驱直入。尤其是攻破曼图亚要塞后，拿破仑更几乎成了意大利的全权统治者。

他曾在意大利之战取得初步胜利时致函法国督政府说：“意大利现已全部落入法国手中，但由于兵力太单薄，我们必须做好准备以应付各种事变……我们在任何地方都必须强硬。因此，在军事、外交和财政事务方面必须有统一的政策。在有的地方，我们必须严刑峻法，杀一儆百；而在另一些地方，我们对所发生的事情却不得不采取视而不见和少说为佳的方针，因为时机尚未成熟。就目前意大利局势而言，外交应从属于军事。”而他争取意大利的政策曾一度获得了很大成功。

拿破仑认为，意大利人民在奥地利人的压迫剥削下，已完全丧失了文明和进步的权力，因此，拿破仑率领军队进入意大利的每一座城市时，都立即废止奥地利政府给意大利人民订立的旧法律及旧制度，并为意大利人民制定一些新的法律制度，它在一定程度上推动了意大利的民主革命和统一运动。

同时，拿破仑还要求法军在意大利每个都市的街头巷尾发表一种煽动性的文告，文告上经常写道：“意大利的人民，我们此次来到贵地是为了帮助你们粉碎身上的枷锁，法国人是一切民族的朋友，请你们相信我们吧！你们的宗教，你们的财产、风俗以及生命，将受到我们每个人的尊敬和保护。我们将以宽宏大量的态度向你们传播自由的福音，除了对你们奴役备至的专制暴君是我们的大敌之外，意大利的人民都是我们最好的朋友！”

他还在告伦巴第人民书中宣称：“是意大利人民作为强大民族出现在世界上的时候了。……意大利最光辉的日子即将来临！快快武装起来，自由意大利既人口众多又十分富庶。让危害你们自由的敌人发抖吧。”

意大利一千多年来始终沦为别人的征服地，古罗马的荣光早已成为明日黄花。如今看见这位有意大利血统的拿破仑将军重现古罗马的光辉，无不感到热血沸腾。由于拿破仑的祖先是意大利人，加之他以解放意大利受苦人民的姿态出现，而且还说要给意大利带来自由、和平与民主，为意大利人民解除奥地利贵族剥削统治的桎梏，意大利人民格外高兴，几乎将拿破仑视为当代的凯撒。

拿破仑还顺乎民意，废除了奥地利的政府机构，在当地组建了市政府和国民自卫军，并以伦巴第为中心建立了内阿尔卑斯共和国。此外，在拿破仑支持下成立的一些意大利共和国也成为法国的同盟国。他还命令法军对意大利人要特别宽容，而对奥地利人却要十分苛刻，以此来表明法国人的立场。

拿破仑的这些措施果然很有效，法军已经开进意大利的消息迅速传播到意大利的每个角落，意大利人民无不热烈迎接法军的到来，奥地利军队看到自己几乎不能立足，只好纷纷撤出了意大利。

与此同时，拿破仑在进行谢尼奥之战时，抓到了大批意大利俘虏。拿破仑在权衡利弊得失后，决定释放全部俘虏。

在释放俘虏的大会上，拿破仑特意用意大利语作了演说。他除了批评意大利教皇制度的种种弊端外，还声称：“我是意大利各族人民的朋友，特别是罗马人的朋友。我是为了你们的幸福到你们这儿来的。现在把你们都释放了，请你们回到家里，告诉你们家乡的人，法军是宗教、秩序和穷人的朋友。”

被释放的几百名意大利俘虏突然获得自由后，对拿破仑万分感激，很快就成了拿破仑的义务宣传员。他们到处宣传拿破仑这位“朋友”，说他带兵来意大利是同奥军作战，只打击同奥军相勾结的人，而对意大利人是真正的爱护等。这些都为后来拿破仑在意大利采取军事行动和进行统治创造了良好的条件。

另外，拿破仑在接受曼图亚要塞投降时，曾明确指示塞律里埃将军：不仅在受降仪式后当场释放奥军统帅，而且还特许奥军武尔姆泽尔将军非常得体地离开，允许他携带500名步兵、200名骑兵和1个象征性的火炮连，以此护送其回国。拿破仑的这一异乎寻常的举动，不仅使武尔姆泽尔十分感激，使欧洲的军政名流震惊，也为拿破仑的大将风度增添了不少神奇色彩。

但同时拿破仑又是意大利领土的占领者，俨然当起了整个意大利之王。拿破仑在意大利占领城市和乡村，并挟强大的军队过问整个意大利的事务，征集军队所需的一切，从大炮、火药、枪支，一直到文艺复兴时期大量的艺术珍品。拿破仑通过对意大利的巧取豪夺，把大量的黄金运回法国巴黎，又把摩德纳、罗马、威尼斯等地博物馆和画廊的珍贵艺术品掠到法国首都。

意大利人民在遭受奥地利占领军敲骨吸髓的劫掠后，又遭到法国占领军的掠夺，于是，他们在欢迎法军之后起来反抗了。在帕维亚、卢卡等地，居民公然反抗法军的占领，结果遭到非常残酷的镇压。法军冲进帕维亚城，将该城拥有武器的男人都枪杀了，并在该城大肆奸淫掳掠。

由此可见，拿破仑在意大利，既是一个驰骋意大利战场自称为争取被压迫民族的自由和民主而斗争的将军，同时又是残酷镇压当地和平居民的刽子手和贪婪的掠夺者。他有时采取怀柔政策，有时又施行镇压手段，其对意大利人民所作的诺言和提供的支援同他对意大利和平居民的残酷屠杀交织在一起，真正体现了狐狸的狡诈与狮子的威风的双重性格。

好的训练可以形成一支好的部队

重视教育训练是拿破仑建军思想的一个特点。在拿破仑看来，良好的教育训练是建立一支良好军队的重要条件，未经训练的队伍只会引起麻烦。

他说："好的将领，好的军官，好的组织，好的训练，好的纪律，可以形成一个好的部队。"

拿破仑也的确是按照这种要求去做的。他在全国设立了完备的征兵机构和军事供应系统，加强了国民的军事教育。为加强部队的训练，还专门设立训练军营，如著名的布朗涅军营就是集中施以正规训练的基地。

在军事训练上，拿破仑强调从难从严，一切服从于战斗的需要，并注意吃苦耐劳的训练。他说："作为一个军人，首要的本质在于坚决承受疲劳和艰苦，勇敢仅属其次。经受贫困和匮乏，是对一个良好军人的训练。"又说："士兵决不可抛离下列五样东西：武器、弹药、背包、四天以上的粮食和做工的用具。如果认为必要，可以减轻背包的重量，但是士兵要经常把它带着。"

拿破仑还强调对军官的培养训练。在这方面，法军有个好的传统，即一向注意通过军事学校培养军官。拿破仑也重视这一点，除办军事学校外，还在中等学校里进行培养军官的训练，学生毕业后经过考试进入高等专门军事学校。

拿破仑在训练中对战术和技术均有严格要求，并注意快速行军的训练。因此一般而言，拿破仑军队的技术和战术较之欧洲其他各国的军队都要出色。法军在耶拿之战的战术运用，在战术史上带有进入新阶段的意义，标志着“线式战术”的结束。这种训练也使法军能适应艰苦的翻山越岭、快速运动的作战需要。

如 1800 年，法军由洛桑湖翻越阿尔卑斯山圣伯纳德山口至米兰，在险峻山岭中和寒冷气候下，平均每天行军 14 公里，其行军速度比奥、俄、英、普等国的军队都要快。

拿破仑还很重视整饬军纪。早在 1796 年年初，他在受命统率意大利军团时，即提出并马上实行了整顿部队的计划，其中对部队的组织纪律提出了很严格的要求。但在执行纪律时，却采取较灵活的办法，废除了体罚制度，而用军事法庭来审处犯罪行为，并提出不能凭长官的个人意志而要依据法律治罪。

拿破仑认为，反法联军常把大部分时间浪费在无益的仪式和空洞的形式上面。而法军则坚持从实战出发，很注意实用，形式主义的排场和刻板的训练较少，特别反对为检阅而训练军队。

对此，恩格斯在谈到拿破仑军事训练的新制度时指出：“如果说新制度较少地要求机械式的教练和阅兵式的形式主义，那么它却要求上自总司令下至普通兵每个人都非常敏捷地行动，花费更多的精力，发挥高度的机智；而自拿破仑以来，制度的每一次革新都是朝着这个方向发展的。”

为了保存军队中的骨干力量，拿破仑特别重视曾随同他一起参加意大利战争和远征埃及的军官和老兵，把他们当作军队的中坚力量。这些人的很大一部分是在战争中成长起来的，战火的洗礼代替了学校课堂的教育。而他们对贯彻拿破仑的作战原则也起到了积极的作用。

由于连年战争且战事发展很快，训练新兵曾是一个突出的问题。为此，拿破仑采取了一种随营训练新兵的形式。新兵征招入伍以后，第一个月在补充队里受训，第二个月出发行军，第三个月就投入战斗。每个新兵营都配备一批有经验的军官和军士，每个新兵连都配备一些老兵，而在战斗时把新兵和老兵编在一起，在战斗中获得作战知识。新兵训练重视以老带新，发挥骨干作用。

恩格斯对此评价说，由于拿破仑把新兵装在老兵的框子里，因此其新兵“从到达分配站以后，只经过了三个月的时间，就被他带上了萨克森战场；而他的敌人很快就知道了，他对这些‘粗野的新兵’已经做了些什么”。

拿破仑还注意根据实战需要和客观条件改组军队。他一直重视步兵、炮兵和骑兵的协调发展，以适应当时的作战特点和新的作战方法。他在原来的基础上把军队改组为由各兵种组成的独立的师和军，以便于指挥，提高其机动作战能力及高度运动性和灵活性。

拿破仑认为，军事指挥艺术首先表现在善于迅速武装、训练和建设一支强大的军队。1812 年拿破仑在俄国战场上损失了60 万军队后，以及 1815 年他率领 1200 人的小部队从厄尔巴岛重返法国后，均能以使欧洲目瞪口呆的速度，武装、训练和建立一支几十万人的军队，并能迅速地将他们带上战场同反法联军作战。

不用皮鞭而用荣誉进行管理

在治军带兵的问题上，拿破仑主张“不用皮鞭而用荣誉来进行管理”。

他认为，在战争中，决定胜负的因素不但靠军队的数量，而且要靠军队的质量，特别是士兵的精神力量。并强调士兵的忠贞与豪气，是一支军队具有力量的源泉。

他在总结意大利作战经验时说：“在意大利，我们总是一对三，但是官兵们对我有信心。”并认为这是当时能够以少胜多、屡战屡胜的基本原因。

正是基于这种认识，拿破仑在治军时特别注意激励军队的士气和维护军人的利益。并解释说，士气是保持军队顽强战斗力的精神支柱，利益是保证军人英勇作战的物质基础，两者相辅相成，缺一不可。为此，拿破仑曾采取了一系列有效的措施。

首先，激发官兵的荣誉感。拿破仑把军人的荣誉提到很高的地位，他不仅强调要保持军队的荣誉，而且认为，荣誉是构成军队战斗力的重要部分。他尤其注意利用法国大革命，利用平民从封建桎梏下解放出来后给军队注入的那股热情，利用革命军队的士兵所具有的那种高度的自觉性和较好的纪律性为其冲锋陷阵夺取胜利。

他在建立法国革命军队的过程中，一改过去封建军队的恶习，宣布废除体罚制度。他认为，一个在伙伴面前受了体罚的人，是不可能对荣誉有所感受的。一个人如果重视自己的生命甚于国家的荣誉，那他根本就不应当是法兰西陆军中的一员。

拿破仑为培养和激发军人的荣誉感，特别要求军队要有爱国的情绪和民族的光荣感，严禁“倒戈叛国，将防区献于外人”。对投降者视为叛逆，处以极刑。

拿破仑虽对犯严重过失者予以重惩，但更注重实施精神奖励。例如，他通过建立“荣誉军官团”等形式以激发官兵的荣誉感，对立了战功的官兵，不惜授以高官厚禄，大量颁发勋章，广泛进行通报表扬，以此奖励杰出的官兵，激励官兵去争取荣誉，发扬勇敢战斗的精神。

他甚至在执行纪律时，也辅以“同志审判会”的形式，利用士兵群众来维护纪律。这种“同志审判会”的形式，具有一定程度的民主性，多少缓解了过去那种完全依靠棍棒和皮鞭教育所造成的矛盾，使士兵在人格上受到尊重，使他们增强了荣誉感，这比简单依靠命令、军法行事显然要高出一筹。

拿破仑有时还注意运用语言的激励作用来激发官兵的士气。如拿破仑有时在战火之中骑马来到队伍前，高声喊道：“举起你们的军旗吧！这个时刻终于来到了！”通过这样的呼喊，法国士兵就会立即行动。

其次，对有功官兵赐以物质奖赏。尽管拿破仑说过“金钱并不能够买勇敢”的话，但为了保持部队高昂的士气，他仍不惜花费掠夺来的金银财宝作奖赏。

例如，在征服普鲁士、打败俄国之后，他曾对自己的文武官员进行了十分慷慨的犒赏。赏给达武元帅 100 万金法郎，贝蒂埃元帅 50 万金法郎，内伊元帅 30 万金法郎。其他的将帅包括实际参加战斗的军官也都得到奖赏，负伤比未负伤的多得两倍。另外，许多人还得到了优厚的年金。

1798 年 5 月，在动员远征埃及的 3. 7 万法军作好最后准备之时，拿破仑在部队上船前曾发表了颇具煽动性的演说。其中的一条就是，许诺每个凯旋的士兵都可获得 0.4 公顷的土地。

为稳定部队，拿破仑还采取各种办法提高超期服役的老兵的待遇。如规定老兵的薪饷必须高于新兵，注意提升长期服役的老兵为军官，并破格提拔有战功的老兵等。

再次，关心官兵的切身利益。拿破仑力求通过各种办法保持法军的战斗力，并常常亲自关心部队的生活条件。

拿破仑认为，官兵之间的私人接触，是实施成功领导的一个秘密。他在一份每日命令中写道，一个营的指挥官，只有当熟悉了一切细节之后才能休息。在指挥作战六个月后，他应了解营中所有官兵的姓名和能力。还写道："疾病是最危险的敌人。""宁可打一场流血很多的战斗，也不要把部队安置在不卫生的地方。"

拿破仑就任意大利军团总司令伊始，就重视部队的给养供应。为使部队保持较优裕的生活条件，他根据"以战养战"的原则，曾设法从被占领地区榨取巨额的金钱和物资来供养自己的军队。

又如，1807 年 2 月艾劳之战后，法、俄两军伤亡都很惨重。而在 6 月进行弗里德兰之战前的四个月时间里，尽管法军远离本国的国土，粮食和物资的运输、补给都很困难，而俄军距本国的国界仅有几千米的路程，但两军士兵的待遇却有着鲜明的反差。

当时，拿破仑并未蹲在奢华的华沙宫殿里舒舒服服地过冬，而是经常深入部队看望士兵，千方百计地解决部队在给养方面的各种困难，使法军得到了较充裕的补给，士兵们受到很大的鼓舞，较顺利地熬过了冬天，恢复了战斗力。相反，俄军却由于衣食匮乏，导致一些俄军士兵竟因饥寒交迫而病死，士气受到严重影响，其战斗力的恢复远不如法军。之后，拿破仑之所以能较轻松地赢得弗里德兰之战的胜利，与其在休战期间进行大量的组织工作特别是解决给养问题有着很直接的关系。

尽管拿破仑的上述治军之道主要是为了满足其征战的需要，且不乏一些糟粕，譬如，法军在意大利作战时，许多士兵曾趁敌军败退之机抢夺骡马据为己有，而拿破仑非但没有采取没收充公的办法，而是专门拨出一批款子，向士兵赎买了这批骡马以满足士兵所需。又如，在埃及作战时，偶有外出骚扰的法军士兵被当地村民杀害，拿破仑竟派出大批部队去血洗整个村庄，以此报复法军士兵的生命遭到伤害等，都有其利己和野蛮的一面。但其养兵是为了用兵，尤其在军队管理或带兵方法方面，力求千方百计地激发官兵的荣誉感，慷慨大方地对官兵予以物质奖赏，关心官兵的健康及其切身利益等做法，还是有其借鉴价值的。

狮子统率的军队总比绵羊统率的军队强

拿破仑尤其重视统帅在战争中的重要作用，并对此作了较多的论述。他常说："狮子统率的绵羊军队总要比绵羊统率的狮子军队强些。"在他看来，只有不好的将帅，没有不好的士兵，狮子统率的羊群完全可以打败羊统率的狮子群。还说："一支由驯鹿统率的狮军，绝不可能再是狮军。"这些论述都强调了统帅所特有的地位作用。

他说："一个伟大将领的重要战功，不可能都是由机会或命运造成的，而总是天才与计划的结果。"

又说：“要在一个人身上发现伟大将领所具备的各种品质，那是很难的。最为理想的是，一个人的机智和才能，能与性格或勇气相互均衡。果能如此，也就与众不同。若勇气过人而才智不足，则易于鲁莽从事而缺乏深谋远虑；反之，若才智虽优而勇气不够，那他又会不敢毅然实行其计划。”

拿破仑要求统帅能独立处置情况，富有主动性。他阐述说，一个统帅因为执行了远离战区、未明战事近况或根本不知战况的君主或首相所下的命令，以致在战争中铸成错误时，是绝不能推脱责任的。因此，“任何一位统帅在执行命令时，如果知道计划不妥或有失败危险，就应向上陈述理由，请示修订计划，并不惜在最后以辞职力争，甚至宁可不干，也不要使自己成为毁灭自己部队的工具”。

他认为，任何一位统帅，明明知道将要遭到失败而仍然按照上级命令进行作战，那就是犯罪。并指出，统帅在此时应该拒绝遵从命令。只有在上级发令人于发令当时亲身处于战场的情况下，才要求绝对服从军令。因为在这种情况下，发令人可以即时聆听反对意见，并且可向执行命令的将领作出必要的解释。

然而，当一位统帅接到来自君主或上级的绝对命令，并预料将让敌人获胜而使自己失败时，他对此命令是否应该服从呢？拿破仑明确指出：“答案应是一个‘不’字。如果统帅明白此一奇特命令的理由，当然是应该遵照执行的，否则，就应拒绝。”

拿破仑还要求统帅善于冷静思考。他说：“统帅最主要的条件是冷静的头脑，要能接受各种事物的正确印象，决不为好消息或坏消息所迷惑。”

因为在每一天的过程中，统帅将会先后或同时对各种事物取得印象。所以，他应对这些印象区别轻重，予以分类和记忆，进行客观的分析比较，然后作出正确合理的判断。

而有一些人由于其生理上和精神上的原因，往往只注意某些细节便主观地拟构全图，使事物蒙上幻想的色彩。拿破仑认为，这种人无论具有多好的学识、才能、勇气，以及其他良好品质，终究不适宜统率军队，不能指挥大军作战。

拿破仑还要求统帅必须坚毅果断。他说："一个将军不可缺少的品质是刚毅。"又说："一个将军不应该对情况画图画；他的情报要像望远镜的镜头那样清晰。""一个通过别人的眼睛来看事物的人，永远不能合理地指挥一支军队。""战争中的成功要靠慧眼，并在战斗中寻找心理性的时机。在奥斯特利茨会战中，我要是提前六小时发起进攻，我就会失败。""意志、性格和胆量，使得我所以成为我。"

在他看来，一位指挥官如果想在辩论与会议中寻求决策，就必将导致古往今来的同一后果，即作出一个最坏的决断。尽管这个决断可能是谨慎的，但也几乎是最怯懦的。所以，拿破仑指出："就指挥官来说，真正的智慧在于坚毅的决心。"

他还指出："在战争中，有些事情的重要性只有统帅知道，而且，只有他利用自己的果敢的决心和卓越的智慧，才能制胜和克服所有的困难。"

他认为，一个统帅必须知道在当时的情况下应该做什么，而不是消极怯懦，犹豫不决。

他还认为，一个统帅必须经常有作战预案"成竹在胸"。一个司令官应该每日自问几次：如果敌人在我前方、左方或右方出现时，我应如何处置。进而寻求办法克服敌人。

他说："统帅需要首先决定的是如何对付敌人，要寻求办法去克服敌人用以对付我军的各种障碍，决定一经作出以后，就要竭尽全力以求制胜。"

又说："我通常在三四个月以前就考虑必须做的事情，而且还做好最坏的打算。"

拿破仑确实具有惊人的旺盛精力，在战场上，他可以几天不睡觉。在奥斯特利茨打了胜仗后，他曾很快回到自己的办公室处理公务。他每天在办公桌上看奏章和书信，内容包括军事、司法、教育、外交等，五花八门，无所不有，他都坚持一一处理完毕，绝不积压。他写的口授的文件和书信多得难以数计。据拿破仑委员会估计，拿破仑的口述及书信约达6.4万封。

诚如拿破仑自己所表白的："如果说，看来我经常对一切都胸有成竹，那是因为我在做一件事情之前，早已考虑很久了；我对所有可能发生的事情，几乎都是预先作过考虑的。我能够在别人猝不及防的情况下知道自己说什么话和采取什么行动。这完全不是冥冥之中有什么天才对我突然启示。我总是在工作，吃饭的时候在工作，看戏的时候在工作，夜里醒来也在工作。"

他还声称："在出人意料的情况下，我该说的和该做的，并不是某个精灵突然悄悄地透露给我的，那是深思熟虑的结果。"

拿破仑还提倡统帅应"为人表率"。他自己就常在遇到困难及危险时，以行动激励官兵。如在埃及的一次行军中，他下令把马匹、车辆用来运送伤病员，自己带头步行。在弗里德兰之战中，拿破仑也常去看望在冰雪中行军、作战的官兵。在拿破仑的倡导下，有些法军将领也能做到身先士卒。如马伦戈之战中的德塞将军，阿斯佩恩之战中的兰诺元帅，都能在关键时刻不怕牺牲，指挥作战，大振了士气，挽回了危局。

拿破仑还对陆军和海军将领所应具有的不同才能作了较系统的阐述。在他看来，统率部队的陆军将领与指挥舰队的海军将领，应该各有不同的才能。并认为，统率陆军部队所要求的才能，是天生的；而指挥海军舰队所必需的才能，可以仅仅从经验中获得。

按照他的看法，陆上战法的运用，是一种天才或灵感的艺术，而在海上则谈不上什么天才或灵感，每样事情都可按经验来办。一位海军将领只需知道一种科学，即有关航海的科学。而陆军将领则需懂得所有的科学，要具有博学多才的本领，应利用一切的经验与知识。

拿破仑还通过进一步比较阐述道，一位海军将领不需作任何揣测，他知道敌人的实力所在的位置。而一位陆军永远不会知道敌方的确切情况，无法看清楚敌军和断定其具体位置。因为陆上两军对峙时，地形上的极小起伏，很小的一个树林，都可隐蔽一部分军队，就是最有经验的人，也无法确定究竟是已目睹敌军的全部还是只看到四分之三。

陆军将领要用思想来进行推理判断，要以一种灵感来观察、了解和判断事物。而海军将领只要具有经验就够了，任何有关敌人的情报他都不会不知道。

加重一位陆军将领的困难的问题还有人马粮秣的补给。如果这个工作按照补给官员的意见去办理，那么部队将寸步难行。更谈不上进行远征。这个问题海军将领不会遇到，因为海军所需的补给品都已带在身边。

另外，一位海军将领不需要进行搜索、勘测地形和研究战场。印度洋、美国近海、英吉利海峡，都是汪洋大海，永远是一个流质的平原。技高一筹的，可以在利用风向或预知气候方面占点优势，但这种才干可以从经验中获得，也只有从经验中才可以获得。

而一位陆军将领从来就无法预知行将作战的战场，他的印象与观感要靠灵感取得。他不会有肯定性的情报资料。能够立即掌握住战地与该地域一般性质的关系，实在需要一种不平凡的本领，同时需要一种叫作“军事慧眼”的天赋。这些都需要陆军将领具备。

再就是，一位海军统帅对其舰长们的倚重，比一位陆军统帅对其将领们的倚重更为需要。陆军统帅可以亲自统领部队前往任何据点，纠正错误行动。海军统帅的个人影响只局限于自己旗舰上的官兵。由于信号的接收可能受到烟雾阻碍，而且风向时常变化，整个舰队虽在同一行列，受风情况有时各有差异，所以，海军舰队的各级指挥官更需要随机应变和主动工作。

虽然拿破仑的上述对陆军将领与海军将领的比较不尽妥当，但在强调二者须具备各自不同的才能方面还是有其一定道理的。但有时他不免过分夸大了将帅的作用，如他曾认为，“在战争中，人不算什么，只有一个人是全体的代表”。而这个作为全体代表的人显然就是指将帅。

每个士兵的背囊里都有一根元帅的指挥棍

拿破仑除重视将帅的地位作用外还特别强调将帅的选拔工作。他曾说：“每个士兵的背囊里都有一根元帅的指挥棍。”他还说过一句大家都熟知的名言：“不想当将军的士兵不是好士兵。”并把将帅的选拔工作作为建立良好军队的重要条件。

在如何选拔将帅的问题上，拿破仑一是注重年轻有为之人。他在晋升军官和选拔将领的工作中，非常重视年轻这个条件。在平时和作战中，拿破仑经常把将军证书授予年轻有为的军官，进而有力地鼓舞了下级军官力求上进的激情。

1804 年由他晋封的 18 位元帅中，多数在 40 岁以下，其中，37 岁以下的就有 7 人，苏尔特、兰诺、内伊为 35 岁，而达武仅 34 岁。而在两年后，即 1806 年 10 月的奥尔施塔特之战中，达武不仅能独立指挥作战，并且还取得了辉煌的战绩。

又如，在耶拿之战时，与法军对阵的普军的将领年岁普遍偏大，这虽然有其经验丰富的一面，但也有囿于陈规、缺乏创见和朝气不足的一面，特别是前线将领年岁过大，对战事尤为不利。在 24 名中将中 60 岁以上的 18 人；7 名炮兵指挥官中，有 5 名为 79 岁以上；16 名骑兵将领中，有 14 名为 65 岁以上。其中，普军总司令布伦瑞克 71 岁，美伦多夫将军已 82 岁，卡尔克劳斯 69 岁，贺恩罗埃司令 60 岁，布吕歇尔 60 岁，吕歇尔 52 岁算是年轻的。师长斯美兹多 64 岁，华特斯里本 60 岁。

相比之下，法军将领要年轻得多，拿破仑和达武为 36 岁，兰诺和缪拉为 35 岁，贝尔纳多特 42 岁，奥塞罗 49 岁算是最大的了。他们大都精力充沛，战场应变能力强，普鲁士的“老翁将军”们是难以与之抗衡的。

再如，在奥斯特利茨之战中，法军的高级指挥官都年富力强，42 岁的贝尔纳多特算是年老的，而达武元帅当时仅 35 岁。

二是力求不拘一格。拿破仑选拔将帅时，彻底破除了传统的讲究贵族出身的门阀观念，注重唯才是举，提倡人人争当将军和元帅。在拿破仑的26名元帅中，只有两名是贵族出身，其他都出身于平民。每个法军士兵都感到在自己的背囊里有一柄元帅的节杖，有朝一日由于自己作战勇敢、战功辉煌而成为拿破仑军队的元帅。如在法军元帅中，缪拉、贝尔纳多特和勒费弗尔都曾当过兵，著名的内伊元帅是一个饭店主的儿子，拉纳元帅是一个士兵的儿子，而以勇敢著称的勒费弗尔元帅原来则是一个目不识丁的士兵。

三是强调素质才能。如前所述，拿破仑认为，一位统帅最主要的条件是具有冷静的头脑，要能认识事情的真相，而绝不能随便地被好消息或坏消息所影响。一个将帅不可缺少的素质是坚毅，而不是消极怯懦，犹豫不决。他还提出，一位统帅需要首先思考和作出决定的，是如何打败敌人，寻求办法去克服敌人所能用以对抗自己的一切障碍，而当自己作出决定后，就要全力以赴，克服各种困难，千方百计地去实现预定的计划。拿破仑往往从作战勇敢和出色完成具体战斗任务的人员中选拔自己的高级将领，包括破格选择人才。

如在乌尔姆之战开始前，拿破仑曾在到达斯特拉斯堡后，让工程兵指挥官马累斯高将军物色一名单独执行重要侦察任务的青年军官。马累斯高选中了上尉工程师伯纳。伯纳独自深入敌后，一路侦察分析，直到乌尔姆城的奥军投降时，才回到法军大本营。他把沿途看到的许多情况写成报告，把可以选择的路线绘成草图，甚至还提出法军占领敌人首都后，应颁布哪些法令等建议。拿破仑立即召见了他，并询问了许多问题，伯纳均对答如流，拿破仑很满意。伯纳原本就此向拿破仑呈上其报告和草图就算完成任务。但他却未等拿破仑指示，竟当众宣读起自己的报告。由于拿破仑从来不容许任何人在他面前如此放肆，这使得在场的侍卫官们无不惊恐失色。但出乎大家的预料，拿破仑居然仔细地倾听着，直到报告快要念完时才勃然大怒道："你太放肆了，太大胆了！一个年纪轻轻的毛孩子，还没有真正打过仗，就要替我制订作战计划啦！"并边摆手边气冲冲地喊道："出去，出去，等候我的命令！"当伯纳退出去后，拿破仑却立即对侍卫们说，这是个有头脑的青年！他的观察是准确的，判断很有见地。不能让他再去冒险了，不能让他死了，以后还用得着的。并指示侍从副官告诉贝蒂埃下令将伯纳调往伊利里亚。之后，伯纳离开前线，未能参加后来发生的奥斯特利茨之战。这实际上是拿破仑对伯纳采取的保护措施。

1805年的战争结束后，拿破仑准备论功行赏，提升一批卓有战功的军官。拿破仑发现在贝蒂埃报呈的晋升奖励名单中没有伯纳，他不仅填上了伯纳的名字，而且将其放在晋升为营长级的上尉名单的最前面。

此后，在1812年征俄战争之前，拿破仑想要了解拉古沙和伊利里亚的情况时，再次召见了伯纳。伯纳少校详尽地回答了拿破仑询问的关于拉古沙和伊利里亚的各种问题。拿破仑不仅很满意，而且还将伯纳由少校晋升为上校。之后，在谈及安特卫普的筑垒及各种工事的构筑问题时，伯纳又一一作了详细解说。拿破仑当即又赏赐伯纳一枚"荣誉勋章"，并留任伯纳为自己身边的侍从官员。征俄战争结束后，伯纳被任命为旅长，不久又担任了师长，在拿破仑战争末期从事作战指挥。

此外，拿破仑还能够容纳反对或伤害过他的人，只要有真才实学照样使用。如贝尔纳多特是拿破仑的情敌和政敌。拿破仑从埃及返归巴黎时，贝尔纳多特曾计划逮捕拿破仑，并将其交付军事法庭审判。雾月政变期间他也曾出来多方破坏。但之后拿破仑仍提升他为元帅，封他为蓬特—科沃亲王，并极力推荐他为瑞典王储，后成为瑞典国王。克拉尔克也曾奉督政府之命秘密监视在意大利作战的拿破仑，并伤害过拿破仑。雾月政变后，拿破仑却先后任命他为驻普鲁士和奥地利大使，并提升他为陆军大臣，封他为费尔特公爵。

然而，尽管拿破仑重视选拔将帅，也提出了不少选贤任能及量才任用的条件，并择优选拔了不少出色的将帅，但他自己又远远未能完全按照这些条件来办，免不了以个人好恶褒贬或评价人物的情况。不过，拿破仑选将用人的原则及方法，较之封建贵族所统率的军队而言，仍有其历史的进步性。

把著名统帅当作效法的“模范”

拿破仑之所以能够在军事上取得非凡业绩，与他善于效法前贤不无关系。他曾明确指出：“反复阅读记载亚历山大、汉尼拔、凯撒、古斯塔夫·阿道夫、杜伦尼、尤金和弗里德里希二世这些著名统帅的有关战役的文献，使自己效法他们。这是成为伟大统帅和寻求兵法奥秘的唯一途径。进行这种研究，你就会得到启示，就会抛弃那些与伟人们所坚持的原理背道而驰的规则。”

拿破仑还要求必须学习并遵循著名统帅的作战法则。他说：“统帅以自己的经验和天才指导作战。战术、部队调动方法，以及工兵、炮兵的科学知识，都可以从书本中求得。……古斯塔夫·阿道夫、杜伦尼与弗里德里希二世，也像亚历山大、汉尼拔和凯撒一样，都是遵循同一原则作战的。”

他还阐述说："所有伟大将领所以能够完成丰功伟业，全在于遵循兵法的规律与自然的法则，那就是说，他们能够巧妙运用，使方法与目的、努力与障碍之间，能有合理的关系和密切的配合。不管其事业如何崇高，成绩如何伟大，他们成功的原因，都是由于遵循了这些规律和法则。他们都想使战争变成一种真正的科学；他们成为我们伟大模范的原因，也就在这里。我们必须模仿他们，才有希望使自己接近他们。"

拿破仑还在1816年论述攻击战问题时曾评论道："……这些就是亚历山大、汉尼拔、凯撒、古斯塔夫·阿道夫、秋林、叶甫根尼亲王和弗里德里希二世七位大统帅所遵循的一些正确的作战规则。历史把这些大统帅的功勋给我们保存下来。"

拿破仑还对上述这七位统帅所进行的战争分别进行了研究和评述。例如，他在阐释亚历山大所进行的战争时评述道："他的作战方法是讲究方法论的，值得大大赞扬。"他在阐释汉尼拔所进行的战争时评述道："汉尼拔遵循的作战规则是保持兵力集中。"他在阐释凯撒所进行的战争时评述道："凯撒的规则就是亚历山大和汉尼拔所遵循的规则：保持兵力集中，不让他们有容易被攻破的地方，高速度地赶往极重要的据点，善用士气、部队荣誉和由这些因素所引起的恐惧心，善用政治手段保证同盟者的忠诚和诱使被征服的各民族驯服。"他在阐释古斯塔夫·阿道夫所进行的战争时评述道："他的短促的一生表明他胆大、行动迅速，军队勇敢并且组织得很好。古斯塔夫·阿道夫是受亚历山大、汉尼拔和凯撒所遵循的那些原则的熏陶的！"他在阐释秋林所进行的战争时评述道："他的进军和作战完全依据亚历山大、汉尼拔、凯撒和古斯塔夫·阿道夫所遵循的各项原则。"他在阐释叶甫根尼所进行的战争尤其是

1706 年的对法军作战时评述道：“他这一次进军是勇敢无畏的典范。”他在阐释弗里德里希二世所进行的战争时评述道：“他在奥德河、易北河和萨利河等地的军事行动大部分都遵循上述几位大统帅的作战规则，但他特别指靠自己军队的纪律、勇敢精神和战斗艺术。”

拿破仑早在十几岁就读少年军校期间，就拼命用功，发愤学习，并初步学习了军事知识。升入巴黎军官学校后，他又以优异成绩提前毕业，较早获得军官身份。

1788 年，拿破仑由科西嘉回到法国后，在工作间歇仍不停地博览群书，开始迷恋上了卢梭、孟德斯鸠、伏尔泰等启蒙学者的著作，对卢梭的《社会契约论》尤感兴趣。据有关学者研究，拿破仑曾对其身边工作人员古尔戈说过，物质无所不在，寓于一切事物；生命、思想和灵魂本身不过是物质的属性。从中既可看到拿破仑与卢梭、伏尔泰等人的联系，也可看出拿破仑军事思想中包括有符合唯物主义原则的某些因素。

在此期间，拿破仑还阅读了有关古代波斯人、西塞亚人、色雷斯人、雅典人、斯巴达人、埃及人和迦太基人的历史、地理、宗教和社会风俗等方面的书籍。

特别是当拿破仑意识到自己将以军事为终身职业时，更注意研读有关军事政治的书籍，特别是细心钻研了亚历山大、汉尼拔和凯撒等历史上伟大统帅的传记，以及炮兵技术及战术方面的书籍。并做了许多摘记和笔记，其中有些手本至今仍完整无损地保存着。当时，解放科西嘉的愿望曾激励拿破仑着重钻研炮兵技术，并写过一篇关于弹道学的论文——《论炸弹的投掷》。他曾设法把自己培养成炮兵战术专家，设想过一个又一个军事方案，在地图上标明大炮火力网、防御工事和部队的部署地点等，并打算一旦拥有权力就把军事方案付诸实施，用武力完成科西嘉的解放。

对此，拿破仑自己说过，他当时每天要工作和学习十五六个小时。他学习勤奋，在部队中很快成了年纪最轻却又精通炮兵最新技术和战术的炮兵军官，并深得上司的赏识。

在初次远征意大利的战争中，尽管拿破仑军务繁忙，但稍有空闲仍贪婪地阅读了很多书籍。据后来证实，在此期间，拿破仑读完并摘录了沃尔内描写埃及的著作，以及其他书籍。有人据此认为，这表明拿破仑在当时就已考虑要远征埃及了。

拿破仑还注意向有关专家学习他所不懂的东西。如在拿破仑远征埃及时，曾组成了一个由 167 名专家学者随行的科学考察团，以考察埃及的天然资源和古代文化。由于埃及的近卫骑兵很强悍，拿破仑唯恐这些专家学者遭到敌人的突然袭击，因而在一次进军命令中特意规定，让专家学者们走在队伍中间。从中反映出拿破仑对专家学者们的重视。

拿破仑还注重继承历代军事家尤其是一些法国军事家的军事遗产，如法国军事革新的代表人物沙克森元帅，以及包尔色特、吉贝尔特将军等人的军事思想。

法国元帅沙克森在 18 世纪中叶就曾提出加强军队的机动性、灵活性等思想，建议把军队编为“兵团”即“师”的作战单位，主张步兵攻击应以散兵为前导，并提出在主阵地前扼守“支点”以抗击敌人突击纵队等思想。

法国元帅布罗吉曾于 1759 年采用了沙克森关于“师”的编制的主张，从而使作战部队可较自由地单独活动和采取迂回行动，这就为部队进行战术改革提供了条件。

之后，法国将军吉贝尔特于 1772 年出版了《战术概论》

一书。该书根据当时战争的经验提出，在战场上必须要有战术的机动性，应在作战中能够灵活调动部队；军队的行动必须简化、迅速，并能适应各种地形；战斗队形的形成应改变过去那种提前好几小时编组的习惯，必须尽可能推迟到接近敌人之时；应力求在最后时刻才显示出自己的攻击点，使敌人措手不及。吉贝尔特还论述了军队要学会就地取食、“以战养战”的原则，提出要“创建一支民族性的军队”。

接着，法国将军包尔色特于 1775 年出版了《山地战原则》一书，其中提出，一个师应分成几个纵队，使其可以在平行或向心的线路上同时前进，并在适当时机会合作战。

法国军界以沙克森、包尔色特和吉贝尔特为代表的军事革新理论，在 1789 年法国大革命爆发后曾得以初步实现。如 1791 年，法军颁发了新的战术教范，规定攻击队形为密集队形，以散兵为其前导，行军的速度由过去的每分钟 76 步增至 100 步。1792 年至 1795 年期间，法军进行的多次战役，又都以包尔色特和吉贝尔特的军事理论为指导。1793 年 8 月，法国国会颁发兵役法，实行“全国皆兵”制度，也体现了吉贝尔特关于创建民族军队的思想。

对此，英国军事理论家利德尔·哈特曾就拿破仑与包尔色特和吉贝尔特在军事思想上的渊源关系作了较多涉猎，他阐述道：“拿破仑的军事才能，是通过深钻战史得来的，而且更直接的，是在军事理论上受到了包尔色特和吉贝尔特的影响。这两个人物，在十八世纪是最优秀和富有想象力的军事思想家。

“从包尔色特的理论中，拿破仑学会了一条用兵的原则，那就是首先故意分散自己的兵力，引诱敌人也跟着分散兵力，而后，他却突然地把自己的兵力迅速集中起来，而这时的敌人，却不能把分散的兵力收拢来。另外，他还正确地认识到，一个有着几种预案的计划，是有其重大意义的。他学会了如何选择作战方向，要使自己的作战线能够同时威胁几个目标。而且，拿破仑在进行他的第一次战役时，其作战计划的基础，就是包尔色特在半个世纪前所拟定的那个计划，实际上只是袭用而已。

“在吉贝尔特身上，拿破仑也学到许多东西。首先是充分认识了军队行动的快速性和灵活性的极端重大意义，看到了把军队编组成独立活动的师以后所产生的潜在能力。拿破仑的作战方法，吉贝尔特早就已经设想过了。他在半个时代（十年）以前写道：‘作战艺术就在于技巧地展开自己的兵力，要使其免遭敌军突击的危险；在包围敌军时，不要使部队彼此脱节；在进行机动和对敌军翼侧实施突击时，不要暴露自己的侧翼。’这些话似乎恰好是为拿破仑而写的。吉贝尔特主张进攻敌军的后方，以此来破坏敌人的稳定性。这正是拿破仑所惯用的方法。拿破仑还从吉贝尔特那里学习了集中使用机动性炮兵的方法，用以在决定性方向上突破敌人的防线，打开缺口。而且，正是吉贝尔特在法国革命之前不久进行了军事改革，确定了军队的组织体制，以后，拿破仑就在战争中沿用了这个体制。最后，更重要的一点，就是吉贝尔特曾经预言，不久的将来，战争一定要发生根本的改革，而完成这个改革的人，将会来自一个革命性的国家。这个预言在少年拿破仑的心灵深处点燃了幻想和野心的火焰。

“拿破仑对于他所接受的观念，虽然没有什么重大的补充，但却在实践中大大地加以发展和完善了。如果没有拿破仑顽强地把这些观念付诸实行，那么，所谓新的机动性，仍然是一种理论而已。因为他所钻研的理论与其天性恰好相吻合，而当时的环境又使他的才能得以发展，所以，他对于军队中使用‘师’这种新体制的优点，可以充分地加以发扬。由于战略范围有所扩大，实行战略机动的可能也比较宽广，于是拿破仑也就得以对战略作出他的重要贡献。”

此外，法国炮兵总监格里博瓦尔和杜特兄弟在炮兵技术及战术方面的革新和改进等，也对拿破仑产生过深刻影响。

上述这些都可看作拿破仑战争指导艺术的重要思想来源。拿破仑曾深入钻研过包尔色特和吉贝尔特的军事理论著作，亲自同法国著名炮兵专家杜特一起研究过炮兵使用的问题。尽管拿破仑不是上述新的战略战术思想的发明者，却是一个很好的学习、继承和实践者。他充分利用法国大革命所提供的难得机遇和开辟的广阔天地，通过勤奋学习，既注重以历史上著名统帅为师又不拘泥于此，大胆地将前辈们提出的军事原则在军事实践中加以运用和发展，并通过总结自己作战的经验，使之达到了几乎完善的地步，从而显示了其非凡而卓越的军事才能。

第 4 章

一代军事巨人

后世将公正地对待我。他们将能以我所作的好事同我所犯的错误相比较。假如我能办成，在我死的时候，将享有世界上最伟大人物的声誉。

——拿破仑

拿破仑是法国大革命战争中涌现出来的一位传奇人物，是一个战功显赫、叱咤风云的军事统帅。其所创建的军事业绩，不仅对于当时军事科学的形成和发展产生了深远的影响，而且在世界军事史及战争史上也占据着重要地位。用恩格斯的话说，拿破仑堪称一代“军事巨人”。然而，由于历史的和阶级的局限性，拿破仑辉煌的军事胜利和卓越的军事艺术却未能挽救其在滑铁卢的最后失败。

兵败的主要原因

盛极一时的拿破仑何以会最终导致兵败滑铁卢呢？尽管对

于这个问题有着各种各样的看法，但主要原因则是：

首先，在政治上推行霸权主义。

拿破仑始终奉行霸权主义政策，企图称霸欧洲，“希望法国统治全世界”，穷兵黩武，到处用兵，树敌过多，致使其政治野心大大超过实际力量，最后陷入孤立境地。这是其所以失败的最基本的原因。

拿破仑一直梦想建立一个世界大帝国，这一政治野心始终主宰着其思想和行动，致使其为此而不断树敌，频繁征战。

罗马人有一条著名的古训，即千万不要同时进行两个大规模的战争。拿破仑虽然也懂得这个道理。但霸权主义迫使拿破仑不得不同时在两个甚至多个广阔的战场上作战。

拿破仑既要试图挫败妨碍其建立世界大帝国的英国，又要先慑服与英国相邻并由英国控制的葡萄牙和西班牙，还要制服可能与其争霸欧洲的俄国。为此，他要同时对付欧洲三股强大力量，挑起对英国、西班牙和俄国的三场大战，既要同封建欧洲和英国资产阶级作战，又要同附庸国、占领国的广大人民作战，从而大大削弱了其抵御封建欧洲武装进攻的力量。

在此期间，拿破仑虽然与奥地利结亲，娶了奥皇弗兰茨的女儿做皇后，但联姻并不等于联盟，对奥地利的战争与压迫仍导致彼此的矛盾不断恶化，致使奥地利参加了第六次反法联盟。

拿破仑又曾与沙俄缔约，但各自心怀鬼胎，终于相互背信，以致干戈再起。

拿破仑还强迫各附庸国都实行其对付英国的“大陆封锁”政策，结果招致沿海各国的普遍不满，不仅严重阻碍了各附庸国的经济发展，同时也给法国资本主义生产的发展带来不利的影响。

同时，拿破仑执政后连年不断的征战，不仅使法国大革命所解放出来的生产力得不到持续发展，国家的经济实力陷于危机，而且也使法国陷入兵员极端缺乏、财力物力大大不够支出的艰难境地，在被战争弄得精疲力竭的法国人民中间也出现了普遍的厌战情绪。

而以沙俄为首的欧洲封建君主们却能在所谓“争取独立自由、反对拿破仑暴政”的幌子下，利用拿破仑附庸国、占领国人民的反抗运动，为他们镇压革命、巩固封建统治的反革命政策服务，以致激起了欧洲各封建帝国以及被压迫国家和附属地人民对拿破仑战争日益不满甚至强烈反对。

这样，拿破仑为登上欧洲大陆的霸主宝座，不断采取恃强凌弱的外交政策和穷兵黩武的军事政策，结果把自己置于与许多国家为敌的位置上，并过高估计了自己的力量，为建立其所谓的世界大帝国而一味冒险。随着其霸权主义的继续推行，他的野心越来越大，战线越拉越长，兵力越来越分散，使自己在政治上陷入孤立境地，在封建欧洲所组织的拥有巨大优势的军事力量的进攻下，最后导致军事上的彻底失败。

诚如恩格斯所指出的，拿破仑在滑铁卢的失败，有着政治方面和战略方面的原因，“其中主要的原因是同盟国方面在兵力上占有巨大的优势，一个在四分之一世纪内连年战争因而力量消耗殆尽的国家，已不可能单独抵抗整个武装起来的世界对它的进攻”。

其次，在军事上决策指挥失误。

拿破仑在军事上的主要问题包括：其一，骄兵轻敌，两线作战。诚如毛泽东所指出的：“拿破仑的政治生命，终结于滑铁卢，而其决定点，则是莫斯科的失败。”

拿破仑在战略上的致命之处是，他不顾已连续四年多的西班牙战争，陷进了其约30万的精锐部队，却又悍然发动侵俄战争，导致对西班牙和俄国同时用兵，进行两面作战，犯了兵家之大忌。其结果，法军身上既有“西班牙脓疮”，又东陷莫斯科泥潭，顾此失彼，两面受挫，两面失利，元气大伤。

对此，拿破仑自己也曾承认，入侵西班牙是他的第一个错误。进攻俄罗斯是他的第二个错误，也是最致命的错误。拿破仑还认为，1812年他到达德累斯顿，知道瑞典不打算帮助他进攻俄国，而土耳其苏丹已同俄国缔结和约时，他就应该主动放弃进攻。当时被胜利希望所吸引，作出了错误的决定。但进入莫斯科后，不应停下来，而应赶上库图佐夫，消灭俄国军队。并认为，进攻俄国是出于一场“误会”，而严寒的环境把他的军队吞没了，从而引起了全世界的反对。

在征俄战争中，法军在战略上又存在急于长驱深入的问题。在战争初期，法军兵力占绝对优势，约为俄军的三倍。但俄军避免决战，执行了勇敢的退却，从而以空间换取时间，疲惫了法军，保存了主力。

而法军却改变了原来先巩固占领地、来年进军莫斯科的较稳妥的计划，恃强轻进，深入腹地。法军虽在战役战斗上取得了一系列胜利，却导致战略上的失算，造成了全局性的失误，终成被动之势。

法军进到斯摩棱斯克时已暴露出远距离作战的许多问题，进至莫斯科时则战线更长，已成强弩之末。法军要维持数千里的运输线并须掩护其侧翼，一再分兵，后援难继。当法军占领莫斯科后，已很难组织大规模的、有力的战略进攻，渐趋被动。当俄军广泛开展人民游击战，进行四处袭扰时，法军防不胜防，最终导致败北。

其二，刚愎自用，独断专行。拿破仑过分相信个人的作用，在进行军事决策时，从不征求任何人的意见，也决不轻易委权于臣属，其元帅和将军都必须绝对服从他的命令，甚至连其参谋本部的作用都难以得到有效发挥。

法军是最早组建参谋部的，它对于当时日益发展的多兵种的大规模战争的作用很大，但由于拿破仑几乎亲自制订每次战争或会战的计划，干预一切军事行动，未能充分运用参谋部协助指挥，反而给作战指挥带来不利影响。

有的军事史学家认为，法军参谋部和参谋人员实际并未能“参谋”军事要略，只是“绝对服从而已”。

贝蒂埃长期担任法军总参谋长，他善于给拿破仑提供需要的情况，又能准确地将拿破仑的作战意图制成命令传达下去，但有时他对拿破仑的战略和战术意图仍捉摸不透。贝蒂埃曾责怪拿破仑说：“无人知道他的思想，我们的职责就是服从。”并认为，他自己“在军中的地位等于零”。

拿破仑手下的一个参谋戴阿狄里本也曾认为，法军在1813年时，“就其全体而言，在这个战役中的军队是一种太复杂而不完善的机器……其所产生的困难，是拿破仑集中其一切的权威也都是无法克服的”。

显然，集司令与参谋长于一身的拿破仑并未发挥好其参谋部的作用，致使其在后期的战争中，无论是在作战对象和战机的选择方面，还是在遣将调兵和指挥作战方面，都出现了决策失误的现象。

如在滑铁卢之战的前一天，即在发起利尼之战，打败布吕歇尔的普军的第二天，拿破仑在指挥上犯了分散兵力的严重错误。

当时，普军虽已败退但并未被击溃，而在一夜之间逃得无影无踪。拿破仑求胜心切，在毫无情报信息的情况下，竟命令右翼指挥官格鲁希元帅率部3.6万人和火炮90多门东追败退的布吕歇尔，将当时可用兵力的1/3分走。当滑铁卢之战开始后，法军兵力太少，又没有援军加强，而缺乏独立指挥能力的格鲁希却毫无作为，既未能追歼或阻击普军，又未回师滑铁卢，徒使数万人马远离战场，后又在关键时刻走错了路。

此外，拿破仑错用苏尔特当参谋长。苏尔特虽为军事人才，但缺乏参谋工作经验，不善于将拿破仑的意图转变为条理清晰的命令。致使拿破仑的许多口头命令在理解和执行上难免有误，以致内伊元帅无所事事地在两战场间游荡，而戴尔隆军却被置于无用武之地。

显然，滑铁卢之战的一系列失误的主要原因，还要归之于拿破仑在指挥上的失策。

其三，思想停滞，因循守旧。拿破仑毕竟是法国大革命和资本主义发展初期的军事统帅，其军事思想必然受到阶级立场和历史条件的限制，导致其主观认识脱离客观战争实际。尤其在战争后期，拿破仑看不到并忽视了已经变化的战争形势，思想守旧，对新情况新变化认识迟钝，使其军事思想未能得到新的发展。

如1813年6月，第六次反法联盟通过总结同拿破仑作战屡次失败的教训，重新制定了对付拿破仑的作战原则，即联盟各国军队避免单独同拿破仑作战，而是采取集体行动的办法实施围攻。并采取避强击弱的战法，即在兵力分散时退让，力避单独作战的危险，等到各路联军收缩、集中之后再共同采取行动攻击之。联军还采纳了法国革命初期将军、时任俄皇亚历山大一世顾问的莫罗的建议，即竭力避免直接同拿破仑接触，而寻找机会同拿破仑的元帅们指挥的军队作战。

然而，拿破仑对联军新的作战原则反应迟钝，并未依照变化了的战争情况采取新的克敌制胜之法，使得原本是拿破仑作战的特点转变为其弱点，并在法俄战争、1814 年战局和 1815 年战局中表现出来。

如拿破仑以战养战的原则曾使其装备差、半饥饿的军队在意大利之战中获得一系列胜利，但在北德意志、波兰和俄罗斯漫无边际的原野上，则由于后方没有准备足够的人力、物力来支援战争，导致法军在退却或遇到敌人顽强抵抗而出现旷日持久的局面时，便会因弹尽粮绝而覆灭。

拿破仑行动的迅速和勇猛曾令敌人心惊胆战，但在无边无际的原野强行军，只能使法军精疲力竭，原本迅速和勇猛的特点，如同火焰掉进海洋很快熄灭那样失去了光辉。

拿破仑机灵的散兵群曾为其各次胜利创造了良好的条件，但当英军和普军改革战术以适应拿破仑的这种作战方法时，拿破仑拘泥于过去战法的不足便充分显露出来。

同时，拿破仑也曾一度违反了其所奉行的集中兵力歼敌有生力量等有效的作战原则。如在征俄战争中，拿破仑以为夺占莫斯科即可迫降俄国，因而未能力歼俄军主力，并且击溃战多于歼灭战。

在莱比锡之战中，拿破仑将注意力一再放在夺占柏林上，而未放在歼灭联军主力上，数次分兵北上，既削弱了南线，也使北线之军力量不足，南北均呈被动应付之势，终成败局。

在滑铁卢之战中，拿破仑原准备先击败普军再转歼英军，但牵制方向使用兵力过多，后续部队距离较远，对普军进攻力量不足，难以围歼。致使普军竟能在法军的追击下，以一支小部队作牵制，而大部队则巧妙地摆脱追击，重整旗鼓，尾随拿破仑之后前进，并在关键时刻得以重返战场，迅速改变了战场局势，致使拿破仑在其一生中指挥的最后一仗失败了。历时 20 年的拿破仑战争也由此宣告结束。

总之，反法联军由于学会了拿破仑的一整套战略战术而使指挥艺术和军队战斗力有了很大提高，而拿破仑却因循守旧而使其军事思想及战略战术停滞不前，以致看不到敌人战略战术的发展，看不到敌人总体力量的增强，看不清自己实力的削弱，仍沉醉于过去辉煌的战绩中，最终走上覆亡之路。

众说纷纭的评论

拿破仑曾认为自己是世界历史上最伟大的统帅。他通过回忆自己平生指挥过的 50 多次战役认为，这些战役超过亚历山大、凯撒、汉尼拔等人所指挥战役的总和。其中，瓦格拉姆之战是最好的战略性战役之一，奥斯特利茨之战是他平生最得意的战役，最懊丧的是滑铁卢战役，最后悔的是莱比锡战役。拿破仑还颇为自豪地声称：“每个未来的历史学家都应该给我应有的地位。”

一百多年来，世界各国的军事家、政治家、历史学家乃至哲学家和文学家们，对于拿破仑其人其事或誉或毁，众说纷纭，但无论就拿破仑的一生，还是就其所指挥的几十次会战看，拿破仑的确是一位伟大的军事家，是他那个时代的英雄。尽管他最终失败了，但仍受到其同时代以至后世的普遍赞誉。

一些与拿破仑同时代并同他打过交道的权威人士就曾对他作过很高评价。如作为拿破仑父亲的朋友和拿破仑上司的保利将军评价拿破仑说："这个年轻人真具有两个马略和一个苏拉的才能。"大家知道，马略是古罗马杰出的军事统帅和著名的政治家，曾进行过一系列军事改革，在对外战争中屡建战功，并先后七次被选为执政官。苏拉也是古罗马的著名统帅，继马略之后执掌国家最高权力。保利以"两个马略和一个苏拉的才能"夸奖当时的青年军官拿破仑，足见其对拿破仑才华的赏识。

曾在伊比利亚半岛战争中打败法军，并在滑铁卢之战中战胜拿破仑的英国元帅威灵顿，不仅多次流露出害怕拿破仑来前线作战的感受，而且还在西班牙与法军作战摆脱困境后庆幸地对下属说："如果拿破仑本人在这里，那我们的失败就是肯定的了。"

普鲁士著名军事理论家克劳塞维茨在其军事名著《战争论》所引用的上百个战争史例中，约有2/3是拿破仑战争时期的战争史例。他还在论述"现代战争的特点"时评价说："拿破仑的幸运和大胆使过去人们惯用的一切作战手段变得一文不值，许多第一流的强国几乎被他一击即溃。"他还在论述"战争重心问题"时说："拿破仑是一位善于以防御来抵抗向心进攻的统帅（杰出的1796年战局已经证明了这一点），即使对方的军队在数量上大大超过他的时候，在任何场合也不得不承认他在精神上占有很大的优势。"

在拿破仑军中服役多年并成为总结拿破仑战争经验的著名军事理论家若米尼，不仅曾专门写过《拿破仑的政治和军事生涯》的论著，而且在其军事理论名著《战争艺术概论》中对拿破仑作了较多的评说。他认为："在近代史，只有拿破仑一人敢于把半个欧洲的正规军从莱茵河岸投向伏尔加河两岸。""在近代的各国统治者当中，只有拿破仑一个人，曾经主动同时发动过两个甚至三个可怕的战争，即对西班牙战争、对英国战争和对俄国战争。"又说："对拿破仑来说，征服欲望并不总是促使发动战争的唯一原因。他的个人地位，和他对英国的战争，都迫使他铤而走险，其目的显然是要在战争中取胜。……也许我们可以说，他来到世间，就是为了要教会军队统帅和国家元首们知所趋避；他的胜利教导人们要灵活、积极和勇敢，而他的失败又告诫人们，要小心谨慎地行事。"

与拿破仑有过亲身交往的俄皇亚历山大一世曾认为，拿破仑是一个为了达到目的而不择手段的人，具有刚毅的性格，每一个行动都经过深思熟虑；身体十分健康，繁重的工作也不会使他发疯，无论怎么吃力他都能够顶住。

之后，在法国及世界各国对拿破仑更有诸多的评价。如法国著名历史学家路易・马德兰曾对上面提到的保利将军的评价补充说，拿破仑"既不是马略，也不是苏拉"，而是"凌驾于凯撒之上，已经超过了他的所有前辈"。在欧洲，凯撒是罗马帝国的开创者。马德兰将拿破仑置于凯撒之上，足见其对拿破仑历史地位的充分肯定。他还认为，拿破仑的目标一经确定，就要竭尽全力去达到。拿破仑有一句名言："在我的字典里没有难字。"也就如泰纳所说的："他的毅力远比他的智力更可怕。"他的钢铁般的意志是他在这么短时期里完成这么多任务的一个重要因素。

另一位法国著名历史学家乔治・勒费弗尔在将拿破仑与法国大革命联系起来评价时说："正是法国大革命使波拿巴能有

如此非凡的命运……他之所以能保持法国人领袖的地位，正是因为他尊重了制宪议会的社会立法成果；他的军事胜利保证了这些成果能够保持下去，并且使这些成果能够在法国永远根深蒂固。……在他同时代的人看来，他依然是法国大革命的战士，而他也正是作为这样一个人物而载入欧洲文明史册的。”

法国历史学家米涅评价拿破仑说：“他的事业家和组织者的天才，他的生命力和意志力，他对光荣的爱好以及革命所遗留给他、可以供他使用的无限力量，使他成为当代最令人震惊的统帅和最巨大的统治者。”

法国历史学家伊波利特·泰纳评价说，拿破仑“不仅是非凡的，而且是无与伦比的；从他的气质、才能、特性、想象力、情感、道德精神来看，他似乎是用另一种金属铸成的，是在不同于他的本国人和同时代人的独特的模子里熔铸出来的”。

曾任法国总统、首相并作为历史学家的梯也尔通过研究拿破仑得出结论说：“这位伟大人物的一生，对于军人、统治者和政治活动家都是极为有益的，也包含着对于公民们的教训。他教导他们决不应该让他们的国家听任一个人的权力去摆布，不管他是谁，不管在什么情况下！”

19 世纪英国威·帕·纳皮尔将军在《比利牛斯半岛和法国南部战争史》一书中写道，拿破仑战争“不是想在许多野心强国之中争得杰出的地位，也不是为了争夺领土或获得暂时的政治优势，而是一场决定贵族制度还是民主制度占支配地位，平等还是特权作为欧洲文明的原则的殊死斗争”。显然，就拿破仑战争的早期和总体而言，这种评价是对的，但又不能忽略拿破仑在粉碎外国侵略军对法国的武装干涉后，又企图称霸欧洲的一面。

考兰柯特将军评价拿破仑说："为了达到自己的目的，他是不怕痛苦、烦恼和麻烦的，而且无论事情大小，都是如此。也许有人会说，他是把自己完全贡献给了所追求的目标。是的，他总是把自己所有的精力、能力和注意力都应用到当前的行动和讨论之中。他把热情灌注到每件事情里面。因此，同对手们比较起来，他有着巨大的优势，因为很少有人能在一段时间内对一种思想或一个行为完全地专心致志。"

英国军事理论家利德尔·哈特通过阐述拿破仑的战争史实指出了其不足："在拿破仑的战略思想中，可以看出一种发展趋势：他逐渐地偏重于数量，而忽视了机动性；偏重于军队的战略集团，而忽视了突然性。1812年的征俄战役，是这种趋势发展的最高峰。"

曾多年担任驻法大使并研究拿破仑的奥地利首相梅特涅评价拿破仑说，对于这样一位由于环境的力量和伟大的个人品质而上升到现代史上无与伦比的权势顶点的人物，印象最深的是，他的头脑及其思路非常明晰。他还认为，拿破仑这个人，从来不会因担忧可能出现的困难而退缩，甚至也不会由于同实行他的计划分不开的大量个人苦难而退缩。

曾是拿破仑手下元帅，后背叛他成为瑞典国王的贝尔纳多特说："拿破仑不是为他人所击败，在我们所有这些人之中他是最伟大的。但他只依赖自己的才智，所以上帝才会惩罚他。他把才智用到其最大限度，遂终于难以为继。"

苏联学者M. A. 米尔施泰因等人在《论资产阶级军事科学》一书中认为："资产阶级革命还造就了自己的统帅，其中最有名的便是拿破仑。拿破仑深刻地了解法国社会制度和军队中所发生的变化，估计到了它们的全部优越性，并且在战术和战略方面使法国资产阶级革命所产生的新作战方法达到了完善的境地。”“拿破仑进行的战争大大地刺激了资产阶级军事科学的发展。在以后的整个世纪中，资产阶级军事理论家把拿破仑的战略战术奉为经典。”“拿破仑身后并未留下什么理论巨著。然而，他的实际的军事活动、他的回忆录以及他对别人的军事著作，特别是对若米尼和罗尼阿的著作的评论，都是丰富而多方面的遗产，这些遗产对于资产阶级军事科学的发展产生了巨大的影响。”

《苏联军事百科全书》评价道：“在军事学术方面，拿破仑一世发展和完善了法国革命时期军队所创立的新的学术。……拿破仑一世不愧是一位战略和机动战术的大师。他卓越的统帅活动，在法国所产生的资产阶级社会、经济和政治关系的形成及巩固时期，对军事学术的发展有很大影响。他改造和完善了军队，整顿了军队的指挥；改进了步兵师和骑兵师的编制，将其合编成军的建制；改组了炮兵，把炮兵部队列入师和军的编成内，在交战过程中预先建立大规模的炮兵预备队。……拿破仑一世战略的特点是：实施广泛的机动；在内作战线巧妙行动；在决定性方向上迅速集中优势兵力，并采取突然行动。”“他在军事上的创造对欧洲军事学术的发展有很大影响，促进了新的符合当时战争特点的斗争方法的推广。但是，许多资产阶级军事理论家试图把拿破仑进行战争和交战的方法推崇为‘不朽的和万世不变的’原则，这就过高地估计了拿破仑一世的军事学术。”

《中国军事百科全书》则评价道：“拿破仑的军事思想继承了法国大革命的优良传统，在许多方面适应了时代的需要，代表了新兴资产阶级的利益，在一定程度上具有进步性。资产阶级著名军事理论家若米尼和克劳塞维茨在他们的军事理论著作中，都大量引用并深入研究过拿破仑一世的军事理论和战史战例。资产阶级军事科学的形成和发展，很大程度上同总结拿破仑战争经验和探讨拿破仑的统率艺术分不开。但由于时代的局限性，也有不少唯意志论的成分，晚年还有明显的保守主义倾向。”

一些哲人和文学家对拿破仑的评价也颇耐人寻味。如德国著名哲学家黑格尔说，拿破仑是马背上的“世界灵魂”，是一位“非凡的人”。他还在耶拿之战后给其学生蔡尔曼的信中写道：“法国人经过革命的清洗，曾经从许多典章制度里解放出来……这种死的制度压迫法国人及其他民族的精神，有如枷锁……所以法国人所表现出来以反对其他民族的伟大力量，都是由于为这种革命所鼓舞。因此法国人就胜过了那还在朦胧中没有发挥出来的日耳曼精神。”黑格尔还希望自己的日耳曼同胞拜法国人为师，“抛掉他们的惰性”，“激励起来奋发有为”，以“超过他们的老师”。

另一位德国哲学家叔本华则认为：“波拿巴是人类意志最美的表征。”

德国诗人和作家歌德曾满怀激情地评价拿破仑说：“他一生就像一个迈大步的半神，从战役走向战役，从胜利走向胜利。可以说，他的心情永远是爽朗的。因此，像他那样光辉灿烂的经历是前无古人的，也许还会后无来者。”并认为，拿破仑是“从来没有见过的最富于创造力的人”。歌德还用莫扎特的徒弟、德国音乐家洪默尔作比喻说：“拿破仑摆布世界，就像洪默尔摆布钢琴一样。……在任何时候他都胸有成竹，应付裕如。”

英国文学家司各特曾拿起武器同拿破仑打了12年的仗，但却承认“这位人物多年来对他统治过的世界起过大得可怕的影响”。

法国文豪雨果在其名著《悲惨世界》中通过描述滑铁卢之战评价拿破仑说：“他的作战计划，众所公认，是一种杰作。直赴联军阵线的中心，洞穿敌阵，把它截为两半，把不列颠的一半驱逐到阿尔，普鲁士的一半驱逐到潼格尔，使威灵顿和布吕歇尔不能首尾相应……这一切，在拿破仑看来，都是能够在那次战争中实现的。”但是，“如果拿破仑在滑铁卢胜利，那就违背了十九世纪的规律。一系列的事故早已在酝酿中，迫使拿破仑不能再有立足之地。情势不利，由来已久。那巨人败亡的时候早已到了”。“一八一五年六月十八日，罗伯斯比尔从马背上摔下来了。”然而，“失败反而把失败者变得更崇高了。倒了的波拿巴仿佛比立着的拿破仑还高大些”。

恩格斯也在其军事论著中多次提到拿破仑，并作了很高的评价。他不仅称赞拿破仑是一代“军事巨人”，而且将拿破仑的某些会战及其作战行动称之为“具有历史意义的卓越范例”。

恩格斯在谈到耶拿之战时指出：“由拿破仑发展到最完善地步的新的作战方法，比旧的方法优越得多，以致在耶拿会战以后，旧的方法遭到无可挽回的彻底的破产，在这次会战中，运转不灵、行动迟缓、大部分根本不适于散兵战的普鲁士线式队形，在法国散兵群的火力下简直瘫痪了，只能用个别排的火力来还击。”

恩格斯还在总结拿破仑战争后指出：“革命战争创造了像拿破仑这样的人物，他把这种新的作战方法发展为一套正规的制度，并吸取旧制度中有益的部分，因而立即使这种新方法达到像弗里德里希用线式战术所达到的那样完善的程度。这时候，法国军队几乎无敌于天下，一直到他们的敌人学会他们的经验并按新法编组自己的军队时为止。”

恩格斯还通过分析“革命和拿破仑所创造的军事科学”指出：“至于谈到现代的军事学术，那么拿破仑已经使之十分完善。”又指出：“拿破仑的不朽的功绩就在于：他发现了在战术和战略上唯一正确的武装广大群众的方法，而这样广大的武装群众之出现只是由于革命才成为可能；并且他把这种战略和战术发展到那样完善的程度，以至现代的将军们一般地不仅不能战胜他，而且只能试图在自己最光辉和最成功的作战中抄袭他罢了。”

总之，拿破仑作为法国大革命时代的军事统帅和政治家，在整整四分之一世纪的时间里凭着欧洲大陆这个舞台，以其杰出的军事才能导演了许多有声有色、威武雄壮的战争活剧，表现出了巨大的革命创造精神，尤其是他通过废除战争的一切陈规旧章，创立了新的作战方法，废除旧的军队，建立起新的、革命的、人民的军队，因而在世界军事史及战争史上有着重要的地位，对于资产阶级军事科学的发展有不可磨灭的历史作用。但正如恩格斯所指出的：“拿破仑在军事科学上卓越的改革不能视为奇迹；新的军事科学是新的社会关系的必然产物。”显然，拿破仑军事思想的产生绝不是偶然的，而是法国大革命时期的产物，是新兴资产阶级反封建斗争在军事上的表现。所以，从拿破仑这位著名的军事统帅的经验乃至教训中吸取有益的营养，并注意根据变化了的战争条件加以修改充实，对于指导新的战争实践仍具重要的借鉴作用。

附　录

年　谱

1769 年　8 月 15 日，出生于法国科西嘉阿雅克修城。

1777 年　在雷科神父学校念书。

1779 年　1 月 1 日，进奥顿中学。5 月 13 日，进布里埃纳军事学校。

1784 年　10 月 19 日，进巴黎军官学校。

1785 年　9 月 1 日，被任命为瓦朗斯拉费尔炮兵团炮兵少尉。

1791 年　4 月 1 日，晋升中尉军衔。

1792 年　7 月，晋升上尉军衔。

1793 年　9 月 16 日，接任围攻土伦的炮兵副指挥。10 月 18 日，晋升少校军衔。12 月 19 日，攻克土伦。12 月 22 日，晋升准将。

1794 年　2 月 6 日，接任法国意大利军团炮兵总指挥。

1795 年　葡月 12 日叛乱，受命指挥镇压叛乱。10 月 26 日，晋升少将军衔，担任法国内防军司令兼巴黎卫戍部队司令。

1796 年　3 月 2 日，任法国意大利军团总司令。3 月 9 日，同约瑟芬·德·博阿尔内结婚。4 月 9 日，越过阿尔卑斯山，进行意大利之战。4 月 12 日，在蒙特诺特击败奥军。4 月 13 日，在米莱西莫击败撒军。4 月 15 日，在代戈击败奥军。4 月 21 日，在芒多维击败撒军。5 月 10 日，在洛迪击溃奥军。8 月 3 日，在洛纳托击败奥军。8 月 5 日，在斯蒂维耶雷击败奥军。9 月 4 日，在罗韦雷多击败奥军。9 月 8 日，在巴萨诺击败奥军。11 月 15 日~17 日，在阿尔科莱击败奥军。

1797 年　1 月 14 日，在里沃利击败奥军。10 月 17 日，签订《坎波福米奥和约》。10 月 26 日，被任命为英吉利军团总司令。

1798 年　3 月 5 日，被任命为东方远征军总司令。5 月 19 日，远征埃及。6 月 10 日，占领马耳他。7 月 24 日，占领开罗。

1799 年　2 月 10 日，远征叙利亚。3 月 7 日，攻克叙利亚牙雅法，屠杀 4000 名战俘。3 月 28 日至 4 月 1 日，围攻阿克城堡失败。7 月 25 日，在阿布基尔全歼登陆土军。11 月 9 日，发动雾月政变，建立执政府。12 月 12 日，被选为第一执政。

1800 年　5 月，越过阿尔卑斯山大圣伯纳德山口，连克米兰等地。6 月，在马伦戈之战中击败奥军。

1801 年　2 月 9 日，与奥地利签订《吕内维尔和约》。

1802 年　3 月 25 日，与英国签订《亚眠和约》。

1804 年　5 月 18 日，元老院宣布拿破仑为法兰西皇帝。5 月 19 日，建立帝国大军，晋封 18 位将军为帝国元帅。12 月 2 日，在巴黎圣母院加冕为法兰西皇帝，称拿破仑一世，建立法兰西第一帝国（又称拿破仑帝国）。

1805 年　10 月，在乌尔姆之战中击败奥军。12 月，在奥斯特利茨之战中击败俄、奥联军。12 月 15 日，与奥地利签订《普雷斯堡和约》。

1806 年　10 月，在耶拿—奥尔施塔特之战中击溃普军。11 月 22 日，在柏林签署针对英国的“大陆封锁令”，强迫整个欧洲同英国进行经济战。

1807 年　2 月，与俄军进行艾劳之战，未分胜负。6 月 14 日，在弗里德兰会战中击败俄军。7 月 7 日和 9 日，分别与俄、普签订《蒂尔西特和约》。11 月 30 日，占领葡萄牙首都里斯本。

1808 年　2 月 2 日，占领罗马。3 月 24 日，进占西班牙首都马德里。7 月 22 日，近 2 万法军向西班牙游击队投降，法军被迫撤出西班牙。11 月 10 日，亲率 20 万法军攻入西班牙。12 月 4 日，重占马德里。

1809 年　4 月 19 日 ~23 日，击败进入巴伐利亚的奥军，五战五胜。5 月，在阿斯珀恩—埃斯灵之战中被奥军击败。7 月，在瓦格拉姆之战中击败奥军。10 月 14 日，与奥签订《申布伦和约》（也称《维也纳和约》）。12月14日，同约瑟芬宣布离婚。

1810年　4月2日，同奥地利公主玛丽·路易丝结婚。

1812年　6月22日，向俄国宣战。9月，法、俄军队主力进行博罗季诺之战。9月14日，进入莫斯科。10月19日，从莫斯科撤退。11月26日~28日，法军渡别列津纳河时遭重创。

1813年　5月2日，在吕岑之战中击败普、俄联军。5月21日，在包岑之战中击败普、俄联军。8月26日~27日，在德累斯顿之战中虽击败俄、奥、普联军，但法军损失惨重。10月16日~19日，在莱比锡之战中被俄、普、奥、瑞典联军击败。

1814年　2月10日，在尚波贝尔之战中获胜。2月11日，在蒙米赖之战中获胜。2月12日，在沙托切里之战中获胜。2月14日，在沃尚之战中获胜。2月18日，在蒙特罗之战中获胜。4月6日，拿破仑宣布退位。5月4日，到达厄尔巴岛。

1815年　2月26日，逃离厄尔巴岛。3月20日，进入巴黎，开始百日统治。6月16日，在利尼之战中击败普军。6月18日，在滑铁卢之战中失败。6月22日，第二次退位。10月15日，到达圣赫勒拿岛。

1821年　5月5日，因病逝世。终年52岁。

1840年　12月15日，遗体运回巴黎安葬。

1861年　4月1日，灵柩安置在巴黎塞纳河畔荣誉军人院圆顶大堂。